言語学で解明する英語の疑問

畠山雄二・本田謙介・田中江扶 著

大修館書店

まえがき

　これまで私どもは英語にまつわる本をたくさん手がけてきた。それなりに売れ，それなりに反応がある。あくまでもそれなりに……ではあるが。その「それなり」の反応を私どもに直接メールで伝えてきてくれる人もいれば，出版社経由で私に間接的に伝えてきてくれる人もいる。圧倒的に多いのが予備校の先生で，その次に多いのが高校の先生，そして3番目に多いのが市井の英語好きの方である。

　読者からこういったリアクションをもらってわかるのは，教育の現場では，今まさに言語学の知見が求められ，市井の英語大好き人間の方たちが求めているのは，まさに一歩先ゆく言語学の知識であるということだ。つまり，英語の文法や単語の意味をただ暗記するだけでなく「なぜそうしないといけないのか？」「なぜそうなのか？」の「なぜ」に対する答えが求められているということだ。

　英語（をはじめとするすべての言語）の「なぜ」に対してそれなりに答えることができているのは，今のところ，言語学しかない。それをいち早く嗅ぎ取った一部の予備校の先生や高校の先生，そして市井の英語大好き人間の方たちが，己の欲求を満たすべく，私どもがこれまで手がけてきた本を手にしているともいえよう。

　そのような私どもの感想が外れていないことを裏付けるかのように，市販されている学習参考書や単語集，そして辞書には，言語学の知見がたっぷり盛り込まれたものが少なくない。また，市井の英語好きな人が書いているブログを見ると，同じように，言語学の知見をベースにした英語の蘊蓄が語られているものが多い。英語の授業で学生に話を聞けば，予備校の先生は，受講生の知的好奇心を満たすべく，言語学的な話をよくしてくれたとのことで

ある。

いま，教育の現場で，そして教育の現場でなくても，英語にまつわる場で求められているのは，あきらかに言語学の知見と知識である。

なるほど，英語が教えられ，そして学ばれている現場で重宝されているもの，それは他ならぬ言語学の知見である。でも，言語学はそれなりに敷居が高く，市販の本を読んでも，言語学の基礎的な知識がないと，さすがにチンプンカンプンである。でも，高度な英語力を必要とする人には，上でも書いたように，何らかの形で言語学の知見が必要となりつつある。

言語学の知識を手にした方が英語学習の効率はいい。つまり，コスパの高い英語学習には，言語学の知識はもはや必要不可欠になりつつあるといえる。そこで登場したのが本書『言語学で解き明かす　英語の疑問』である。本書のタイトルには「言語学で解き明かす」とあるが，本書は言語学に一度も触れたことのない人を対象にしている。でも，かつて言語学をかじった人であっても，これまで言語学をかじりまくってきた人であっても，誰が読んでも，「へぇ～，そうなんだ～」と思ってもらえる内容になっていると自負している。

英語力を上げたいと思って本書を手にとってくれたあなた，言語に関心があって本書をとってくれたあなた，言語学に興味があって本書を手にとってくれたあなた，本書との出会いのあったすべての「あなた」に本書が何らかの形であなたの人生のお役に立てればと思っている。

なお，本書であるが，どの章から読んでも理解できるつくりになっている。第1章から第4章まで順に読み進めるのもよし，気になる章から読んでみるのもよし。どう読まれてもかまわないが，いずれにせよ，読者諸氏には本書を完読していただきたい。

本書をきっかけに，嫌いな英語が好きになってくれる人が1人でも出てきてくれるのであれば，著者冥利に尽きる。また，本書

をきっかけに，大好きな英語がもっと大好きになってくれる人が1人でも出てきてくれるのであれば，これまた著者冥利に尽きる。さらに，本書をきっかけに，ことばの深遠さに，そして英語の奥深さに魅了される人が1人でも出てきてくれるのであれば，繰り返すが，著者冥利に尽きる。

　読者諸氏に幸あれ。

2023 年 7 月

畠山雄二・本田謙介・田中江扶

目次

本書で用いる記号について

＊が付いた文は非文法的であることを示します。

＃が付いた文は文法的には正しいが不自然であることを示します。

第 1 章
文の規則にまつわる疑問

― 統語論 ―

He speaks not French.　ダメだよ，規則通りに並べなきゃ。

ノーム・チョムスキー（生成文法理論を提唱）

1.1 基本語順をつくる規則

> 「王様が熊を殺した」を次のように英訳したら，なぜ間違いなのですか？ *The king the bear killed.

　英単語だけ知っていても正しい英文が書けるわけではありません。というのも，どの言語にもその言語特有の正しい単語の並べ方があるからです。英語では（1）のような語順が基本的な語順（基本語順）となります。

（1）Subject（主語）− Verb（動詞）− Object（目的語）

　（1）を踏まえた上で，たとえば「王様が熊を殺した」を英語に訳してみましょう。「王様（the king）」がSで，「熊を（the bear）」がOで，「殺した（killed）」がVですので，（1）に従うと（2a）のような英語になります。

（2）　a. The king killed the bear.（SVO）
　　　b. *The king the bear killed.（SOV）
　　　c. *Killed the king the bear.（VSO）
　　　d. *Killed the bear the king.（VOS）
　　　e. *The bear the king killed.（OSV）
　　　f. #The bear killed the king.（OVS）

　（2a）のように the king（S）− killed（V）− the bear（O）の語順にすると文法的な英文になりますが，（2b）〜（2e）のような語順にすると，すべて非文法的な文となってしまいます。なお，（2f）は非文法的な文というわけではないのですが，「熊が王様を殺した」という意味になり，「王様が熊を殺した」の英訳としては不適切となってしまいます。以上のことから，「王様が熊を殺した」の英訳は（2a）の語順以外許されないということになり

ます。許される語順が基本語順の (2a) しかないことからみても，英語はとても語順に厳しい言語であることがわかります。

　しかし，英語が昔から語順に厳しい言語であったというわけではありません。実は，古英語 (5～12世紀) では「王様が熊を殺した」の英訳として，(2a)～(2f) のすべての語順が許されていたのです。現代英語の (2a)～(2f) をそれぞれ古英語に訳したものが次の (3a)～(3f) です。

(3)　a. Se cyning sloh þone beran.（SVO）
　　　b. Se cyning þone beran sloh.（SOV）
　　　c. Sloh se cyning þone beran.（VSO）
　　　d. Sloh þone beran se cyning.（VOS）
　　　e. Þone beran se cyning sloh.（OSV）
　　　f. Þone beran sloh se cyning.（OVS）

　(3a)～(3f) はどれも「王様が熊を殺した」の古英語訳として正しい文です。古英語は現代英語よりも語順が自由だったことがわかります。さて，ここで (3f) に注目してください。(3f) は現代英語の (2f) に対応していますが，(2f) は上で指摘したように現代英語訳としては不適切だったはずです。ではどうして，古英語の (3f) は適切な訳になっているのでしょうか。その秘密は《格》にあります。

　(3) の se cyning（＝ the king）の se は主格を表します。主格とは日本語でいえば格助詞の「が」が表す格のことです。「王様が」といえば主語だとわかるように，se cyning といえば cyning が主語だとわかるのです。一方，(3) の þone beran（＝ the bear）の þone は対格（目的格）を表します。対格とは日本語でいえば格助詞の「を」が表す格のことです。「熊を」といえば目的語だとわかるように，þone beran といえば beran が目的語だとわかるのです（なお beran も対格の形をしています）。se cyning が主語で þone beran が目的語であることが一目瞭然なので，

（3a）〜（3f）のどの語順をとっても意味がわかるのです。これに対して現代英語では，the king をみただけではそれが主語なのか目的語なのかわからず，また the bear をみただけではそれが主語なのか目的語なのかがわかりません。the king が主語で the bear が目的語とわかるためには，《動詞の左側には主語がきて，動詞の右側には目的語がくるという語順の力》を借りるしかありません。この力が発揮できるのは基本語順の（2a）だけです。したがって，（2a）以外の語順はすべて非文法的となります。ここでの話をまとめると，**古英語は《格》の力によって語順が自由でしたが，現代英語は《格》を失ったために語順が厳しくなった**ということです。

　ここで日本語の語順についてみてみましょう。一般的に日本語は語順が自由な言語といわれますが，本当にそうでしょうか。次の例をみてください。

（4）　a. *王様が殺した熊を。（SVO）
　　　b. 王様が熊を殺した。（SOV）
　　　c. *殺した王様が熊を。（VSO）
　　　d. *殺した熊を王様が。（VOS）
　　　e. 熊を王様が殺した。（OSV）
　　　f. *熊を殺した王様が。（OVS）

（4a）〜（4f）の 6 通りの語順の中で日本語として許されるのは，（4b）と（4e）の 2 つだけです。このことから，日本語はそれほど語順が自由ではないことがわかります。文法的な語順（4b）と（4e）ではどちらも動詞が最後にきていることから，日本語では《動詞が最後にくる》という制約があることがわかります。

（4b）と（4e）では S と O の語順が入れ替わっているのにもかかわらず，どちらも同じ意味をもつ文法的な文です。これは《格》の働きによります。「王様が」のように格助詞の「が」がついていると主語だとわかります。また，「熊を」のように格助

詞の「を」がついていると目的語だとわかります。つまり，格助詞によってＳとＯの語順が入れ替わっても意味が変わらないのです。なお，《格》によってＳとＯの語順が入れ替わっても意味が変わらないのは古英語も同じです。上でみたように，古英語は主語と目的語で《格》の形が異なっているため，（3a）と（3f）のようにＳとＯの語順が入れ替わっても意味が変わりませんでした。

　これまでの話から，現代英語と古英語，そして日本語の語順の自由度を比較すると以下のようになります。

古英語　＞　日本語　＞　現代英語

これは，古英語（6通りの語順が許される）のほうが日本語（2通りの語順が許される）より語順の自由度が高く，かつ日本語のほうが現代英語（1通りの語順しか許されない）より語順の自由度が高いことが示されています。

　これまでの話から，現代英語の語順がかなり制限されていることがわかりました。しかし，実際には基本語順から逸脱している文もみられます。ただし，そのような文のほとんどは《特殊な文》だと考えられます。次の文をみてください。

　（5）　Have you any money?（VSO）（お金をもっていますか？）
　　　　　 V　 S　　 O

　（5）はV（have）− S（you）− O（any money）の語順をしています。VSOの語順は基本語順から逸脱しています。（5）のような文は英語圏のすべてにみられる一般的な表現ではなく，イギリス英語でのみみられる地域限定の「方言」です。イギリス以外の地域では（5）の文はDo you have any money? のような表現で話されています。つまり，方言としてしか使われないという点で（5）は特殊な文だといえます。別の例をみてみましょう。

(6)　Mary wants to pass the exam, and <u>pass the exam</u> <u>she</u> will.
　　　　　　　　　　　　　　　　　　　　V　　O　　　　S
　　　（VOS）

（メアリーは試験に合格したがっているし，実際合格するだろう）

　（6）の and 以下は V（pass）－ O（the exam）－ S（she）の語順
をしています。VOS の語順も基本語順から逸脱しています。(6)
は動詞句（pass the exam）が主語（she）の前に置かれている特
殊な語順をしています。(6) は，この特殊な語順を使って「試験
に合格する」という部分を強調している特殊な文になっているの
です。他の例をみてみましょう。

(7)　<u>This book</u>, I really <u>like</u>.（OSV）（この本は，私は本当に好きだ）
　　　O　　　S　　　V

　(7) は O（this book）－ S（I）－ V（like）の語順をしています。
OSV の語順も基本語順から逸脱しています。(7) は，文頭の this
book が話題を表し，I really like がその話題に対するコメントを
表すという特殊な構文です。このような特殊な構文にすることで，
this book が話題としてとりあげられていることを明示している
のです。最後に次の例をみてみましょう。

(8)　<u>"I am so happy,"</u> said <u>Mary</u>.（OVS）
　　　O　　　　　　　V　　S

（「私はとても幸せ」とメアリーがいった）

　(8) は O（"I am so happy"）－ V（said）－ S（Mary）の語順を
しています。OVS の語順も基本語順から逸脱しています。英語
では，文頭に "I am so happy" などの引用句がきた場合には，後
ろに動詞がきてその後に主語がくることがあります。これは《引
用句倒置》とよばれている特殊な倒置です。したがって，(8) は
特殊な文といえます。以上みてきたように，基本語順を逸脱して
いる文はどれも特殊な文であることがわかると思います。

1.2 疑問文をつくる規則

> どうして次の疑問文はダメなの？　*Writes she novels?

　会話の中で疑問文はとくに重要です。というのも，疑問文によって会話が始まる場合が多いからです。みなさんは中学校の英語の授業でさまざまな疑問文のつくりかたを練習したかと思います。たとえば，She has written any novels.（彼女は小説を書いたことがあります）のような平叙文を Has she written any novels?（彼女は小説を書いたことがありますか）のような疑問文に変える練習です。

　そのような練習中に，先生に She writes novels.（彼女は小説を書いています）という平叙文を疑問文に変えなさいといわれて，困った人はいませんでしたか。もちろん Does she write novels?（彼女は小説を書いていますか）が正解なのですが，みなさんの中には Writes she novels? という疑問文をつくった人がいるかもしれません。その人は自分の答えが間違っていたことを知り，「恥ずかしい」と思ったかもしれませんね。でも，恥ずかしがる必要はないのです。というのも，ヨーロッパの言語の「常識」からすれば，その答えのほうがむしろ「正解」なのです。英語の She has written any novels. という平叙文を疑問文にする場合には，完了の助動詞の has（have）を主語（she）の左側に移動します。そうすると《助動詞 – 主語》の語順が得られます。この《助動詞 – 主語》が，英語において疑問文であることを示すマーカーとなっています。実は，《助動詞 – 主語》の語順を疑問文のマーカーとして利用しているのは英語だけではありません。（1）の表をみてみましょう。

言語	平叙文	疑問文
英語	She **has** written any novels.	**Has** she written any novels?
フランス語	Elle **a** écrit des romans. she has written novels	**A**-t-elle écrit des romans? has she written novels
ドイツ語	Sie **hat** Romane geschrieben. she has novels written	**Hat** sie Romane geschrieben? has she novels written
オランダ語	Zij **heeft** romans geschreven. she has novels written	**Heeft** zij romans geschreven? has she novels written

（1）の表で英語の助動詞の have にあたる単語はすべて太字にしてあります。太字の単語の位置に注目してみましょう。まず，フランス語の疑問文では，英語の have にあたる助動詞の a が主語（elle）の左側にきています。また，ドイツ語の疑問文でも，英語の have にあたる助動詞の hat が主語（sie）の左側にきています。そして，オランダ語の疑問文でも，英語の have にあたる助動詞の heeft が主語（zij）の左側にきています。これらのことから，フランス語やドイツ語，そしてオランダ語でも，疑問文においては英語と同じように，《助動詞－主語》の語順をとっていることがわかります。つまり，英語のみならず他のヨーロッパの言語でも，《助動詞－主語》の語順を疑問文のマーカーとして利用しているということになります。

（1）ではすべての平叙文に助動詞が含まれていました。では，平叙文に助動詞が含まれていない場合，疑問文はどのようにつくられるのでしょうか。（2）をみてみましょう。

(2)

言語	平叙文	疑問文
英語	She writes novels.	Does she write novels? writes she novels
フランス語	Elle écrit des romans. she writes novels	Ecrit-elle des romans? writes she novels
ドイツ語	Sie schreibt Romance. she writes novels	Schreibt sie Romance? writes she novels
オランダ語	Zij schrijft romans. she writes novels	Schrijft zij romans? writes she novels

　(2) の平叙文には助動詞が含まれていません。英語の動詞 write にあたる動詞と主語の位置関係に注目してみましょう。まずは英語以外の言語からみていきましょう。フランス語の疑問文では動詞の écrit（write）が主語（elle）の左側にきています。また，ドイツ語の疑問文でも，動詞の schreibt（write）が主語（sie）の左側にきています。そして，オランダ語の疑問文でも，動詞の schrijft（write）が主語（zij）の左側にきています。つまり，フランス語やドイツ語，そしてオランダ語の疑問文では《動詞－主語》の語順をとっています。このことから，これらの言語は《動詞－主語》の語順も疑問文であることを示すマーカーとして利用しているということがわかります。

　ここで (2) の英語の例に戻りましょう。疑問文をみると，動詞の writes が主語（she）の左側にはきていません。つまり，英語は《動詞－主語》の語順を疑問文のマーカーとして使ってはいないということがわかります。このことは，他のヨーロッパの言語が利用している《動詞－主語》という疑問文のマーカーが，英語では利用できないということを意味しています。

　英語で利用が許されている疑問文のマーカーは，結局《助動詞－主語》の語順だけです。だから，助動詞が含まれていない平叙文を疑問文にするときには何らかの助動詞が必要となるのです。そこで白羽の矢が当たった助動詞が do です。助動詞が含まれて

いない平叙文を疑問文にする場合に do が使われているのには，こういった事情があったのです。一方，疑問文のマーカーとして《動詞－主語》が利用できる言語では，平叙文に助動詞が含まれていなくても英語の do のような助動詞は必要ありません。だから，他のヨーロッパの言語には助動詞（do）が存在しないのです。

　ここで，言語によって利用できる疑問文のマーカーを整理しておきましょう。

(3)

言語	《助動詞－主語》	《動詞－主語》
英語	◯	×
ヨーロッパの言語	◯	◯

　(3) の表から，疑問文であることを示すのに，英語では《助動詞－主語》の語順を使う方法しかないのに対して，ヨーロッパの言語では《助動詞－主語》の語順だけでなく《動詞－主語》の語順も使えることがわかります。

　以上を踏まえて，英語の疑問文をもう少しみていきましょう。

(4)　a. The murderer was arrested last night.
　　　（犯人は昨日捕まりました）

　　　b. Was the murderer arrested last night?
　　　（犯人は昨日捕まりましたか）

　(4a) の平叙文を疑問文にするには，受け身の助動詞（was）を主語（the murderer）の左側に移動します。そうすると《助動詞－主語》の語順が得られます。この語順が疑問文であることを示すマーカーとなるため，(4b) が疑問文であることがわかります。

　英語の be は，動詞と助動詞のハイブリッドの性質をもちます。

(5)　a. The murderer was in the room.
　　　（犯人は部屋の中にいました）

b. Was the murderer in the room?

（犯人は部屋の中にいましたか）

（5a）の平叙文を疑問文にするには，was を主語（the murderer）の左側に移動して（5b）のようにします。was は，（5a）では動詞としての役割をはたし，（5b）では，（4b）の was と同じように，助動詞としての役割をはたしています。このことから，be は動詞と助動詞のハイブリッドの性質をもつことがわかります。

　上でみたように，be は助動詞の性質ももっていることから，be を含む平叙文を疑問文に変えるときには be が主語の左側に移動します。（6a）をみてください。

（6）　a. Was the murderer in the room?（＝（5b））

　　　b. *Did the murderer be in the room?

（6a）は《助動詞−主語》の語順になっているため，この文が疑問文であることがわかります。仮に be ではなく助動詞の do を主語の左側に置くと，（6b）のように非文法的になってしまいます。これは，助動詞の性質をもつ be があるのにもかかわらずその be を利用することなく，代わりに do を主語の左側に置いてしまったことが原因です。

　上で述べたように，英語は《動詞−主語》の語順を，疑問文であることを示すマーカーとして利用できません。しかし，それは現代英語での話で，古英語では《動詞−主語》の語順を，疑問文であることを示すマーカーとして利用していたのです。

（7）　Canst þu temian hig?（彼らを服従させる方法を知っていますか）
　　　know you tame them

（7）は古英語の疑問文の例ですが，動詞の canst（know）が主語の左側に現れて，（2）のヨーロッパの言語のように，《動詞−主語》の語順になっています。《動詞−主語》が疑問文を表すことは，古い英語の時代にはあったということです。

1.3 否定文をつくる規則

どうして次の否定文はダメなの？ *He speaks not French.

「彼はフランス語が話せます」を英訳すると He can speak French. となります。また，「彼はフランス語が話せません」という否定文を英訳すると He cannot speak French. となります。このことから，肯定文を否定文にするときには can の後ろ（右側）に not を加えればよいことがわかります。このことを踏まえて，今度は「彼はフランス語を話しません」という日本語文の英訳を考えてみましょう。否定文の元となる肯定文の「彼はフランス語を話します」の英訳は He speaks French. となりますので，その否定文は He speaks not French. となるはずです。しかし，実際にはこの英文は非文法的で，正しくは He doesn't speak French. となります。「当たり前じゃないか」と思われる方もいらっしゃるかもしれませんね。確かに現代英語では He doesn't speak French. が正しい英文なのですが，実はそのような英文になる前は He speaks not French. が正解だったのです。

まずは，英語の否定文の語順の歴史的な変遷についてみていきましょう。

(1)　a. ic ne secge.（古英語）
　　　　 | 否定 say　　　　 主語 − 否定 − 動詞

　　 b. I ne seye not（初期中英語）
　　　　 | 否定 say 否定　　 主語 − 否定 − 動詞 − 否定

　　 c. I say not（後期中英語）
　　　　 | say 否定　　　　 主語 − 動詞 − 否定

　　 d. I do not say（初期近代英語）
　　　　 | do 否定 say　　 主語 − do − 否定 − 動詞

（1）の例はすべて「私はいわない」の意味を表しています。

（1a）には古英語（5〜12世紀）の否定文の例が示されています。否定を表す ne は動詞の前（左側）に現れています。このことから，古英語の否定文の基本語順は《主語−**否定**−動詞》であったことがわかります。（1b）には初期中英語（12〜14世紀）の否定文の例が示されています。この時代には，否定を表す ne に加えて副詞の not が現れます。ne と not が動詞を挟み込むようにして否定の意味を表します。つまり，初期中英語の否定文の基本語順は《主語−**否定**−動詞−**否定**》となっていました。（1c）には後期中英語（14〜16世紀）の否定文の例が示されています。この時代になると否定の意味を担う単語が ne から not へとシフトしていきます。やがて ne から not へ否定の意味が完全に引き渡されるようになると，ne が省略され not のみが残ります。その結果，後期中英語の否定文の基本語順が《主語−動詞−**否定**》になりました。この時代なら，上で述べた He speaks not French. が文法的な否定文となります。初期近代英語（16〜18世紀）に入ると，語順が大きく変わります。（1d）には初期近代英語の否定文の例が示されています。この時代では，否定を表す not が助動詞の do をともないながら動詞の左側に現れます。その結果，初期近代英語の基本語順が《主語−do−**否定**−動詞》になりました。

（1）では英語の否定文の語順の歴史的な変遷をみてきましたが，実は他の言語でも同じような変遷を遂げているのです。例としてフランス語の否定文の語順の歴史的な変遷をみてみましょう。

（2）　a. Jeo ne di.（古フランス語）
　　　　　I 否定 say　　　　主語−**否定**−動詞（cf.（1a））

　　　b. Je ne dis pas（中期フランス語）
　　　　　I 否定 say 否定　主語−**否定**−動詞−**否定**（cf.（1b））

　　　c. Je dis pas（現代フランス語）
　　　　　I say 否定　　　　主語−動詞−**否定**（cf.（1c））

（2）の例はすべて「私はいわない」を意味するフランス語です。

（2a）は古フランス語（9〜14世紀）の否定文の例です。否定を表す ne は動詞の左側に現れています。このことから，古フランス語の否定文の基本語順は《主語－**否定**－動詞》であったことがわかります。この語順は英語の（1a）の語順とまったく同じです。次に，（2b）は中期フランス語（14〜17世紀）の否定文の例です。この時代には，否定を表す ne に加えて副詞の pas が現れます。ne と pas で動詞を挟み込むようにして否定の意味を表します。つまり，中期フランス語の否定文の基本語順は《主語－**否定**－動詞－**否定**》となります。この語順は現代フランス語（17世紀以降）にも受け継がれています。（2b）の語順も英語の（1b）の語順とまったく同じです。さらに，現代フランス語の口語には（2c）のような否定文も現れます。否定の意味を担う単語が ne から pas へとシフトして，ne から pas へ否定の意味が完全に引き渡されようになり，ne が省略され pas のみが残ることになりました。その結果，現代フランス語の口語は《主語－動詞－**否定**》という語順をもつことになりました。この語順は英語の（1c）の語順とまったく同じです。以上のことから，英語の（1a）〜（1c）の変遷とまったく同じ変遷がフランス語の（2a）〜（2c）にもみられることがわかったかと思います。

　否定文の歴史的な変遷で英語がフランス語と決定的に異なっているのは，英語だけが（1d）のステップまで進んだということです。実は，（1d）のステップまで進んだ言語は，世界中のあらゆる言語を調べてみても英語以外ありません。つまり，（1d）が英語の否定文を特徴づける形ということになります。

　英語の否定文の特徴がわかったところで，英語の否定文によく現れる never と not について詳しくみていくことにしましょう。（3）と（4）をみてください。

(3)　a. He **never** liked this book.（彼はこの本が嫌いだった）

　　b. He did *not* like this book.

(4)　a. *He liked **never** this book.

　　b. *He liked *not* this book.

never と not はどちらも否定の意味を表す副詞です。(3a) と (3b) はどちらも「彼はこの本が嫌いだった」という否定文です（ただし，never のほうが not より否定の度合いが強くなります）。また，never と not は，(3a) と (3b) のように動詞の左側に置くと文法的ですが，(4a) と (4b) のように動詞の右側に置くと非文法的になってしまいます。これらの点は never と not に共通しています。しかし，never と not があらゆる点で同じような特性をもっているかというと，そうではありません。次の例をみてください。

(5)　a. He **never** liked this book.

　　b. *He did *never* like this book.

(6)　a. *He *not* liked this book.

　　b. He did not like this book.

never を用いた否定文では，never を (5a) のように動詞（liked）の左側に置くと文法的な文になります。その際，助動詞の do は使う必要はなく，無理に do を使うと (5b) のように非文法的になってしまいます。一方，not を用いた否定文では，(6a) のように助動詞の do を使わないと非文法的になってしまうので，(6b) のように do を必ず使わなければなりません。このように never と not には do の使用に関して違いがあるのです。

　never と not には，この他にも文法上重要な違いがあります。

(7)　　a. I have **never** seen such horrible behavior.

　　　　　（そんなひどい態度は見たことがない）

　　　　b. I have **not** seen such horrible behavior.

(8)　　a. **Never** have I seen such horrible behavior.

　　　　b. *_Not_ have I seen such horrible behavior.

　　　　（cf. *_Not_ I have seen such horrible behavior.）

　（7a）と（7b）はどちらも「そんなひどい態度はみたことがない」という意味をもつ否定文です。（7a）は，否定の意味をさらに強調するために，（8a）のように never を文頭に出すことができます（それにともない助動詞（have）と主語（I）が倒置します）。一方，（7b）は，（8b）のように not を文頭に出して強調することができません（助動詞（have）と主語（I）を倒置してもしなくても非文法的になります）。このように，never と not は，それらを強調のために文頭に置く際に文法性の違いが現れます。

　never と not では動詞句の省略に関しても違いがみられます。次の例をみてください。

(9)　　a. *He asked me to accept those conditions but I would _never_ ~~accept those conditions~~.

　　　　b. He asked me to accept those conditions but I wouldn't ~~accept those conditions~~.

　　　　（私は，彼にそれらの条件を受け入れるよう頼まれたが，受け入れなかった）

　（9a）と（9b）の文の意味はほぼ同じです。しかし，（9a）で never の右側の accept those conditions という動詞句を省略すると非文法的になるのに対して，（9b）で not（＝ n't）の右側の accept those conditions を省略しても文法的なままです。同じ否定文といっても，never か not かによってさまざまな文法的な違いがあるので注意が必要です。

1.4 受動文をつくる規則

次の受動文には2通りの意味があるってホント？
The door was closed.

　中学校の英語の時間に John closed the door.（ジョンがドアを閉めた）という能動文は受動文にすると The door was closed by John.（ドアはジョンによって閉められた）になると教わりました。そのとき先生は「この文から by John を削除すると2通りの意味にとれる」といいました。「ドアが閉められた」という意味があることはすぐにわかったのですが，もう1つの意味が思いつきませんでした。もう1つの意味は「ドアが閉まっていた」でした。おそらく先生は The door was closed には「ドアが閉められた」という動作を表す受動《動作受動》の解釈と，「ドアが閉まっていた」という状態を表す受動《状態受動》の解釈の2通りの解釈があることを教えたかったのでしょう。

　現代英語では動作受動と状態受動の違いは形の上で区別されていません。しかし，古英語では異なる助動詞を使うことで動作受動と状態受動が形の上で区別されていました。具体的には，動作受動は現代英語の become にあたる《weorþan + 過去分詞》で表されていたのに対して，状態受動は現代英語の be にあたる《bēon［wesan］+ 過去分詞》で表されていました。weorþan は中英語の時代には消失してしまい，それ以降は bēon のみになりました。その結果，bēon が weorþan の役割も兼ね備えることになりました。こういった歴史的な経緯があって，現在でも be が動作受動にも状態受動にも使われています。そのため The door was closed. においても，動作受動と状態受動の2通りの解釈ができるということなのです。

　上で述べたように，現代英語には，受動文において become タ

イプの助動詞が消失して be タイプの助動詞しか残っていません
が, ドイツ語やオランダ語などでは現在も become タイプと be
タイプの2種類の助動詞が残っています。(1) はドイツ語の例で
す。

(1)　a. Die Tür **wurde** geschlossen.(動作受動：ドアが閉められた)
the door become closed

　　b. Die Tür **war** geschlossen.(状態受動：ドアが閉まっていた)
the door was closed

続いて (2) はオランダ語の例です。

(2)　a. De deur **wordt** gesloten. (動作受動：ドアが閉められた)
the door become closed

　　b. De deur **is** gesloten. （状態受動：ドアが閉まっていた)
the door was closed

ドイツ語の動作受動文では (1a) のように英語の become にあた
る wurde (原形は werden) が使われているのに対して, 状態受動
文では (1b) のように英語の be にあたる war (原形は sein) が使
われています。また, オランダ語の動作受動文では (2a) のよう
に英語の become にあたる wordt (原形は worden) が使われてい
るのに対して, 状態受動文では (2b) のように英語の be にあた
る is (原形は zijn) が使われています。ドイツ語とオランダ語の
例から, 英語以外の言語では受動文において become タイプと
be タイプの2種類の助動詞が現在も使われていることがわかり
ます。

　現代英語には be タイプの助動詞しか残っていませんが, 英語
の受動文には実にさまざまなバリエーションがあります。(3) の
英文をご覧ください。

(3)

		古英語	中英語	近代英語	現代英語
a.	The vase was broken. (花瓶が壊された)	←――――――――――――――――――――→			
b.	The book was given him. (この本が彼に与えられた)	←――――――――――――――――――――→			
c.	He was given a book. (彼は本を与えられた)		←――――――――――――――→		
d.	The store has been built. (その店が建てられた)		←――――――――――――――→		
e.	The store is being built. (その店は建設中だ)			←―――――――→	
f.	The store has been being built. (その店は今も建設中だ)				←―――→

　(3a)～(3f) の受動文は古英語の時代からすべてそろっていたわ
けでも，現代英語になって急にすべてが出現したわけでもありま
せん。(3) の矢印で示されているように，出現した時期がそれぞ
れ異なっているのです。(3a) のような他動詞をベースにした受
動文は英語においては典型的な受動文で，古英語の時代からあり
ました。また，(3b) のような受動文も古英語からありました。
その (3b) ですが，この受動文は (4) の能動文からつくられた
と考えられています。

(4) 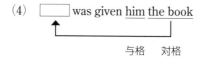was given him the book

与格　対格

　(4) は動詞が目的語を2つとる二重目的語構文です。動詞（was given）の後ろには間接目的語（与格）の him と直接目的語（対格）の the book が続いています。2つの目的語のうち対格の the book が主語になったのが（3b）の受動文です。このタイプの受動文は，先ほど述べたように，古英語の時代からありました。

　(4) ですが，この文には目的語が2つあるので，ここから（3b）とは違う受動文をつくることも可能です。つまり，与格の him を主語にして受動文をつくることができます。そうやってつくられた受動文が（3c）です。しかし，このタイプの受動文は（3b）と同じ時期に現れたわけではなく，中英語の時代になってから現れました。つまり，二重目的語構文の直接目的語が受動文の主語になることができてしばらくしてから，間接目的語が受動文の主語になることができたということです。次に，(3d) のような現在完了形の受動文は中英語のうち13世紀頃に現れました。それに対して，(3e) のような進行形の受動文は，近代英語の時代になって現れはじめました。そして，現在完了形の受動文と進行形の受動文が組み合わさった (3f) のような現在完了進行形の受動文は，現代英語の時代になってやっと現れました。以上のことから，(3a)〜(3f) の受動文は出現した時期がそれぞれ異なっていたことがわかったかと思います。

　(3) でみた受動文は，すべて元の能動文の《動詞の目的語》が主語になってできたものでした。ところが，中英語の14世紀頃になると (5) のような《前置詞の目的語》が主語になってできた受動文が現れはじめました。

　(5)　He was spoken to.（彼は話しかけられた）

（5）は能動文（Someone spoke to him）における前置詞 to の目的語の him が主語になってできた受動文だと考えられます。実は，（5）のような《前置詞の目的語》が主語になってできた受動文は，英語以外の言語ではほとんどみられません。たとえば，ドイツ語では英語の（6a）にあたる（6b）のような受動文は許されません。

(6) a. This problem was talked about _ .
     （この問題は話し合われた）

   b. *Dieses Problem wurde über _ gesprochen.
      this problem was about talked

（6a）は，もともと前置詞 about の目的語であった this problem が主語になってできた受動文です。英語ではこのように前置詞の目的語を主語にした受動文が一般的に許されます。一方，ドイツ語の（6b）はもともと前置詞 über（about）の目的語であった dieses Problem（this problem）が主語になってできた受動文ですが，英語とは違って，ドイツ語では（6b）のように前置詞の目的語を主語にした受動文は許されません。このことから，《前置詞の目的語》を主語にした受動文が許されるのは，英語の受動文の重要な特徴ということができます。

　英語で《前置詞の目的語を主語にした受動文》が許されるといっても，そのような受動文がいつも自由に許されるというわけではありません。次の例をみてみましょう。

(7) a. Mary laughed at John.（メアリーはジョンを笑った）
   b. John was laughed at（by Mary）.
      （ジョンはメアリーに笑われた）
(8) a. Mary played near John.（メアリーはジョンの近くで遊んだ）
   b. *John was played near（by Mary）.
      （ジョンはメアリーに近くで遊ばれた）

(7a) の前置詞（at）の目的語（John）を主語にして（7b）のような受動文をつくることはできますが、(8a) の前置詞（near）の目的語（John）を主語にして（8b）のような受動文をつくることはできません。これは、(7a) の laugh at が 1 つの他動詞として捉えられるのに対し、(8a) の play near が 1 つの他動詞としては捉えられないことからきています。

　最初のほうで述べたように、英語では become タイプの助動詞（weorþan）が中英語の時代に消失してしまい、それ以降は be タイプの助動詞（bēon）のみが残りました。そのため、become タイプの助動詞がもっていた動作受動をつくるという働きは、be タイプの助動詞が引き継ぐことになりました。その状況は現在も続いているため、The door was closed. に状態受動の意味と動作受動の意味の 2 通りの解釈ができるということでした。しかし、近代英語の時代に入ると、get を利用した受動文《get 受動文》が現れました。実は、この get 受動文は、古英語の become タイプの助動詞がつくる受動文ととてもよく似た意味をもっています。(9) の 2 つの文の意味をくらべてみてください。

　(9)　a. The window was broken.（窓が割られた／窓が割れていた）
　　　　b. The window got broken.（窓が割られた／*窓が割れていた）

　(9a) は was（be）が使われている受動文です。(9a) は、「窓が割られた」という動作受動の意味にも、「窓が割れていた」という状態受動の意味にもとることができます。一方、(9b) は get が使われている受動文です。(9b) は、「窓が割られた」という動作受動の意味にとることはできますが、「窓が割れていた」という状態受動の意味にとることはできません。このことから、get 受動文は、動作受動の意味のみをとることができるという点で、古英語の become タイプの助動詞がつくる受動文ととてもよく似ているといえます。get 受動文が古英語の weorþan 受動文の再来となるのか興味深いですね。

1.5 使役文をつくる規則

> 次の文は受動文なのですか，それとも使役文なのですか？
> John got his car hit by the truck.

　最近は常識では考えられない事故や事件が多いですね。先日起きた普通乗用車とトラックの事故（あるいは事件）もそうでした。(1) のような報道がなされていました。

　(1)　John got his car hit by the truck.

　(1) から「トラックがジョンの車に追突したこと」がわかります。このことは事実のようです。しかし，肝心なのは，これは事故なのか，それとも事件なのかということです。(1) は「ジョンは不運にもトラックに自分の車を追突された」という意味でとることができます。この解釈では (1) は事故の解釈になります。しかし，(1) はまた「ジョンはわざとトラックに自分の車を追突させた」という意味でとることもできます。この解釈では (1) は一転して事件の解釈になります。つまり，(1) を聞いただけでは事故か事件かがわからないのです。でも，どうして (1) には2種類の解釈があるのでしょうか。

　「なぜ (1) には2種類の解釈があるのか」という問いに対する解決の糸口は，「文の主語が《意志をもつ動作主》であるかどうか（つまり，「わざと」かどうか）」にありそうです。(1) の「ジョン」が追突されたのがわざとでなければ（＝「ジョン」が《意志をもつ動作主》でなければ），(1) は「ジョンは不運にもトラックに自分の車を追突された」という事故の解釈になります。この解釈は「追突された」という訳からも明らかなように《受動の解釈》になります。一方，(1) の「ジョン」が追突されたのがわざとであれば（＝「ジョン」が《意志をもつ動作主》であれば），(1)

は「ジョンはわざとトラックに自分の車を追突させた」という事件の解釈になります。この解釈は、「追突させた」という訳からも明らかなように《使役の解釈》になります。このことをまとめると（2）のようになります。

(2) 上記（1）の文は、主語を《意志をもつ動作主》と捉えた場合には《使役の解釈》になり、そう捉えない場合には《受動の解釈》になる。

(2) を踏まえると、「なぜ（1）には2種類の解釈があるのか」という問いに対する答えは、「（1）の文の主語は《意志をもつ動作主》と捉えることも、そう捉えないこともどちらもできるから」ということになります。

では、（1）の解釈の曖昧性をなくすためには、どのような工夫をしたらよいのでしょうか。それは、主語が《意志をもつ動作主》であることを強調するような副詞を加えたり、逆に、《意志をもつ動作主》ではないことを強調するような副詞を加えたりすることです。具体的には次の例をみてください。

(3) a. John accidentally got his car hit by the truck.
（ジョンは不運にもトラックに自分の車を追突された）

《受動の解釈》

b. John deliberately got his car hit by the truck.
（ジョンはわざとトラックに自分の車を追突させた）

《使役の解釈》

(3a) は（1）の文中に accidentally という副詞を加えた文です。accidentally を加えることによって、主語の John が《意志をもつ動作主》とは捉えられにくくなります。このため、(3a) は「ジョンは不運にもトラックに自分の車を追突された」という受動の解釈になります。一方、(3b) は（1）の文中に deliberately という副詞を加えた文です。deliberately を加えることによって、主語

の John が《意志をもつ動作主》と捉えられやすくなります。このため，(3b) は「ジョンはわざとトラックに自分の車を追突させた」という使役の解釈になるのです。このように副詞の利用によって主語の《意志をもつ動作主性》が前面に出たり隠れたりして曖昧性がなくなります。

　これまでみてきたことから，使役文では主語が《意志をもつ動作主》であることが重要であることがわかったかと思います。これからとりあげる使役文においても，主語が《意志をもつ動作主》であることが重要なカギを握っていることをみていきます。学校文法では典型的な使役文として以下の (4) のような make を使った文が挙げられます。

(4)　John made her cry.（ジョンは彼女を泣かせた）【第 5 文型】
　　　 S　　V　 O　C

(4) の使役文でも主語は《意志をもつ動作主》で，(4) は「ジョンがわざと彼女を泣かせたこと」を表しています。(4) の make は「使役動詞」とよばれています。一般的に使役動詞は，(4) のように SVOC の第 5 文型をとり，「O を C させる」という意味をもちます。ところが，英語には次の例にみられるような第 3 文型の使役文もあります。

(5)　The general marched the soldiers to the tents.
　　　 S　　　　 V　　　　 O
（将軍は兵士をテントに行進させた）【第 3 文型】

(5) は第 3 文型で，使役文です。(5) の動詞 march は「行進させる」という他動詞で，目的語に soldiers をとっています。この march ですが，もともとは「行進する」という自動詞で，(6) のような第 1 文型で使われていました。

(6)　The soldiers marched to the tents.
　　　　S　　　　　V

（兵士がテントに行進した）（cf.（5））【第 1 文型】

　(6) の自動詞の march（行進する）が他動詞の march（行進させる）として使われると，(5) のような第 3 文型の使役文になります。(5) のように march が使役動詞として使われると，重要になってくるのが主語の動作主性です。使役動詞 march の主語は必ず《意志をもつ動作主》でなければなりません。次の例をみてください。

(7)　＊The downpour marched the soldiers to the tents.（cf.（5））

　(7) の主語 downpour（土砂降り）は《意志をもつ動作主》ではありません。このような主語が使役動詞 march の主語にくると非文法的になります。
　ここで，(5) の文の意味を詳しく考えてみましょう。(5) の主語 general は《意志をもつ動作主》です。将軍が意志をもって兵士をテントに行進させたのです。実は (5) の意味でさらに注意が必要な点があります。(5) で将軍は兵士に号令をかけて兵士だけをテントに行進させたわけではありません。将軍は兵士を率いてテントまでいっしょに行ったのです。実は，使役動詞 march の主語は《意志をもつ動作主》であるだけでなく，目的語に《随伴》する主語でなければならないという特徴ももつのです。
　(5) と同じような例をもう 1 つみてみましょう。

(8)　The rider jumped the horse over the fence.
　　　　S　　　V　　　　O

（騎手は馬にフェンスを飛び越えさせた）【第 3 文型】

　(8) は，動詞 jump が「飛び越えさせる」という他動詞で，その目的語に horse がきている第 3 文型をしています。この jump

ですが，もともとは「飛び越える」という自動詞で，(9) のような第1文型で使われていました。

(9) <u>The horse jumped</u> over the fence.（cf.（8））
　　　　S　　　　V

（馬がフェンスを飛び越えた）【第1文型】

(9) の自動詞 jump（飛び越える）が他動詞 jump（飛び越えさせる）として使われると，(8) のような第3文型の使役文になります。(8) のように jump が使役動詞として使われると，主語は必ず《意志をもつ動作主》になります。次の例をみてみましょう。

(10) *The firecracker jumped the horse over the fence.（cf.（8））

(10) の主語 firecracker（爆竹）は《意志をもつ動作主》ではありません。このような主語が使役動詞 jump の主語にきている場合には非文法的になります。

　ここで，(8) の文の意味を詳しく考えてみましょう。(8) の主語 rider は《意志をもつ動作主》です。騎手が意志をもって馬にフェンスを飛び越えさせたのです。その際，騎手は馬に鞭を打つだけで馬だけフェンスを飛び越えさせたわけではありません。騎手は馬に乗っていっしょにフェンスを飛び越えたのです。使役動詞 jump の主語も，march と同様に，《意志をもつ動作主》であるだけでなく，目的語に《随伴》する主語でなければならないという特徴をもつのです。

　以上のことから，英語の使役文では主語が《意志をもつ動作主》であることがとくに重要だということがわかったかと思います。

1.6 関係節をつくる規則

関係詞とはいったいどのようなものなのですか？
the man whom John met

日本語の「ジョンが会った男」という表現は，「ジョンが会った」という文と「男」という名詞が直接くっついてできています。この「ジョンが会った男」を英語に直訳すると（1）のようになります。

 （1） the man whom John met（ジョンが会った男）

（1）をみると，the man という名詞と John met という文の間に，日本語にはない whom という語が入っていることに気づきます。この whom は《関係詞》とよばれ，名詞と文をつなぐ際に重要な働きをしています。関係詞は英語やフランス語などの SVO 言語（SVO の語順を基本語順とする言語）には多くみられますが，日本語や韓国語などの SOV 言語（SOV の語順を基本語順とする言語）にはほとんどみられません。つまり，すべての言語に関係詞があるわけではないのです。

関係詞の説明に入る前に，説明に必要となる用語の確認をしておきましょう。

 （2） <u>the man</u> whom <u>（ John met 空所 ）</u> （cf.（1））
    先行詞   関係節

（2）の the man は，関係詞（whom）に先行している詞（ことば）という意味で「先行詞」とよばれています。また，関係詞と後続する文を合わせたカタマリは関係節とよばれています。英語の関係節には必ず「空所」が含まれているのが特徴です。

では，関係詞がどのような働きをするのかを，（3）を使って説

明しましょう。

(3) では，先行詞（the man）が関係詞（whom）と《同期》し，さらにその関係詞が空所とも《同期》していることが示されています。上で《同期》ということばが出てきましたが，それが何を示しているのかをこれから説明します。まず，先行詞の the man は《物》ではなく《人》を表しています。一方，関係詞の whom も《人》を表しています。すなわち，先行詞の the man と関係詞の whom は，《人》という特徴を共有しています。このように《同じ特徴を共有すること》を《同期》とよぶことにします。次に，(3) の空所の位置をみてください。この空所は動詞 met の目的語の位置を占めています。たとえば代名詞の he が目的語の位置にくる場合，him のような《目的格》の形になります。つまり，(3) の空所は目的格が現れる位置にあるということになります。一方，関係詞の whom も目的格を表しています。すなわち，空所と関係詞の whom は，目的格という特徴を共有しているので，同期しているということになります。このように関係詞は，先行詞と同期し，かつ空所とも同期することによって，結果的に先行詞と空所をつなぐ働きをしています。このことから，関係詞の働きは次のようにまとめられます。

関係詞は先行詞と空所をつないでいる。

このことを踏まえた上で，他の例をみてみましょう。

(4) the house which John lives in （ジョンが住んでいる家）

(4) で関係詞がどのような働きをするのかを，(5) を使って説

明しましょう。

(5)　the house which（John lives in 空所 ）（cf.（4））

（5）では，先行詞（the house）が関係詞（which）と同期し，さらにその関係詞が空所とも同期していることが示されています。まず，先行詞の the house は《人》ではなく《物》を表しています。一方，関係詞の which も《人》ではなく《物》を表しています。すなわち，先行詞の the house と関係詞の which は，《物》という特徴を共有しています。したがって，先行詞の the house と関係詞の which は同期していることになります。次に，（5）の空所の位置をみてください。この空所は，前置詞 in の目的語の位置を占めているので，《目的格》が現れる位置にあるといえます。一方，関係詞の which は目的格としても使えるので，空所の目的格と同期することができます。このようにして，（5）の関係詞 which も先行詞と空所をつなぐ働きをしていることがわかります。

　関係詞が先行詞と空所をつなぐ重要な役割をはたしていることは，次の例をみてもわかります。

(6)　a. the boy who likes Mary
　　 b. the boys who like Mary
　　（メアリーが好きな少年）

（6a）で関係詞（who）がどのような働きをするのかを，（7）を使って説明しましょう。

(7)　the boy who（ 空所 likes Mary）（cf.（6a））

（7）では，先行詞の the boy が関係詞の who と同期し，さらにその who が空所とも同期していることが示されています。まず，

the boy は《人》を表しますので，同じく人を表す who と同期します。次に，（7）の空所の位置をみてください。この空所は，動詞 likes の主語の位置を占めているので，《主格》が現れる位置にあるといえます。一方，関係詞の who も主格を表しています。すなわち，空所と関係詞の who は，主格という特徴を共有しているので，同期しています。今回はさらに，《数》についても同期が起こっています。先行詞の the boy は《単数形》を表しています。関係詞の who は単数形と複数形の区別がありませんのでどちらの場合にも使えます。the boy と同期している who は単数形を表していると考えられます。その単数形の who が今度は空所と同期するので，空所も単数形と捉えることができます。この空所は主語であり，一般的に主語は動詞と数の点で一致するので，動詞は単数形を表す likes となります。

　（6b）も（6a）と同じように説明ができます。（6a）の場合と違う点は，先行詞が the boys のように《複数形》を表しているということです。（6b）の who は the boys と同期するので複数形と捉えられます。その who が今度は空所と同期するので，空所も複数形と捉えることができます。この空所は主語であり，主語は動詞と数の点で一致することから，動詞は複数形を表す like となります。

　これまで，関係詞が先行詞や空所と，《人・物》や《主格・目的格》または《単数形・複数形》に関して，同期していることをみてきました。最後に，関係詞が《性別》に関しても先行詞や空所と同期している例をみてみましょう。（8）をご覧ください。

（8）　a. the girl who likes herself（自分のことが好きな少女）
　　　b. the boy who likes himself（自分のことが好きな少年）

（8a）で関係詞（who）がどのような働きをしているのかを，（9）を使って説明しましょう。

(9)　the girl who（空所 likes herself）（cf.（8a））

（9）もこれまでと同じように，先行詞の the girl が関係詞の who と同期し，さらにその who が空所とも同期することが示されています。今回はさらに，《性別》についても同期が起こっていることをみていきます。先行詞の the girl は《女性》です。関係詞の who は女性と男性の区別がありませんので，どちらの場合にも使えます。who は the girl と同期しているので女性と捉えられます。その who が今度は空所と同期するので，空所も女性と捉えることができます。目的語の herself は「自分」を意味し，主語に女性がきたときに使うことができます。主語の空所は女性と捉えられるので，目的語に herself がきてもよいことになります。

（8b）も（8a）と同じように説明ができます。（8a）の場合と違う点は，（8b）では先行詞が the boy のように《男性》を表しているということです。つまり，who は the boy と同期しているので男性と捉えられます。その who が今度は空所と同期するので，空所も男性と捉えられます。目的語の himself は「自分」を意味し，主語には男性がこなければいけません。主語の空所は男性と捉えられるので，目的語に himself がきてもよいことになります。

以上みてきたように，関係詞は先行詞と空所をつなぐ重要な働きをしています。このような関係詞の働きは，英語だけでなくフランス語やドイツ語など他の多くの言語にもみられる，非常に一般性が高いものです。

1.7 不定詞をつくる規則

英語でも主語がなくてもよい場合なんてあるのですか？
To cross the river is dangerous.

　みなさんは学校文法で，「英語では必ず主語をいわなければな
らない」と習ったと思います。「主語を表すことは英語の鉄則で
す」とまでいわれたかもしれません。なるほど，「その川を渡っ
た」を英語に翻訳する際には，*crossed the river. のように主語
をいわないと間違いとなり，I crossed the river. のように主語を
出さないといけません。しかし，次の文では cross の主語が現れ
ていないのにもかかわらず文法的です。

　(1)　To cross the river is dangerous.（その川を渡るのは危険だ）

　(1) では cross の主語が現れていません。では，主語をいわな
ければならない場合と，主語をいわなくてもいい場合とはそれぞ
れどのような場合なのでしょうか。

　まず，(1) の cross について考えてみましょう。みなさんに質
問しますが，この cross は現在形でしょうか，それとも過去形で
しょうか。このように質問されて，みなさんは困ってしまったの
ではないでしょうか。(1) の cross は直前に to がくる《不定詞》
の形をしていて，to の直後の動詞は必ず原形になります。動詞
の原形は現在形でも過去形でもありません。よって，(1) の
cross が現在形か過去形かと問われても答えられません。このこ
とからわかるように，(1) の cross は，実は，現在形でも過去形
でもないのです。つまり，(1) の cross は《時制をもっていな
い》というのが正解です。実は文に主語が現れるかどうかは，動
詞の時制が重要な役割をはたしているのです。(1) の to cross の
ような不定詞は時制をもたないので主語が現れなくてもよいので

すが，I crossed the river. の crossed のように動詞が時制をもつ場合には主語は必ず現れなければいけません。英語には次のような重要な規則があるのです。

動詞が時制をもつ場合には必ず主語が現れなければならないが，動詞が時制をもたない場合には必ずしも主語が現れる必要はない。

「動詞が時制をもたない場合」とは，何も不定詞に限られません。下の例にあるように，分詞や動名詞も時制をともなっていません。

(2)　a. I saw him crossing the street.　　　　《分詞》
　　　（私は彼が通りを渡っているのをみた）

　　b. I like playing tennis.　　　　　　　《動名詞》
　　　（私はテニスをするのが好きだ）

(2a) の crossing は現在分詞で，(2b) の playing は動名詞です。分詞や動名詞は一般的に現在や過去といった時制を表しません。ですから，分詞や動名詞では主語が現れる必要がないのです。
　上では，不定詞は時制をもたないので主語が現れる必要はないと述べました。このことは，より正確にいうと，「不定詞の主語は形の上で（＝形式上）は現れる必要はない」ということです。実は，「不定詞の主語は意味の上で（＝意味上）は必ず現れている」のです。どういうことか，これから詳しくみていきましょう。
　まず，下の例文をみてください。

(3)　I wanted to come back.（私は帰りたかった）

(3) は「私は帰りたかった」と訳すのが自然ですが，より「くどく」訳すと「私が帰ることを，私が欲している」となります。
(3) の不定詞の to come には主語が現れていませんが，意味上誰が come back するかは上の「くどい」訳から明らかです。それは I です。形式上現れていない，不定詞の意味上の主語を S

と表記すると，（3）は（3'）のように表せます。なお［　］は従属節を表しています。

（3'）　I wanted [[S] to come back].【第3文型】

　　　　 S 　V　　　　　 O

（3'）はIが主語（S）でwantedが動詞（V），そして［[S] to come back］が目的語（O）の第3文型です。（3'）では不定詞の意味上の主語[S]が文の主語のIと同一人物を指していることが示されています。

　次に，下の例文をみてください。

（4）　I persuaded him to come back.
　　　（私は彼に帰ってくるように説得した）

（4）は「私は彼に帰ってくるように説得した」と訳すのが自然ですが，より「くどく」訳すと「私は彼を説得して，彼が帰ってくるようにした」となります。（4）の不定詞のto comeにも主語が現れていませんが，意味上誰がcome backするかは上の「くどい」訳から明らかで，himです。（4）は（4'）のように表すことができます。

（4'）　I persuaded him [[S] to come back].【第4文型】

　　　　 S 　V　　　 O　　　　 O

（4'）はIがS，persuadedがV，himがO，［[S] to come back］がOの第4文型です。（4'）では不定詞の意味上の主語[S]が文の目的語のhimと同一人物を指していることが示されています。実は，後述する文法上の規則によって，（4'）の[S]は主語のIを指すことができません。たとえば，「先生が放課後もなかなか私を帰宅させてくれなかったが，先生を説得して私は帰宅できるよ

うになった」というような状況は自然ですし，十分に考えられますが，そのような状況でも（4'）のようにいうことはできないということです。

ここで，不定詞の意味上の主語 $\boxed{S}$ が指すものを決定する規則として（5）を挙げます。

（5）　$\boxed{S}$ は $\boxed{S}$ から最も近い名詞を指す。

たとえば，（4'）において，$\boxed{S}$ から最も近い名詞は主語の I ではなく目的語の him です。上記の規則から，（4'）の $\boxed{S}$ は him を指すことになります。次に（3'）をみてみましょう。（3'）には名詞が主語の I しかないので，必然的に $\boxed{S}$ は I を指すことになります。

では，（6a）のような文ではどうでしょうか。

（6）　a. I wanted him to come back.
　　　　　（私は彼に帰ってきてほしかった）

　　　　b. I wanted him [$\boxed{S}$ to come back].【第 4 文型】

　　　　　S　V　O　　　　O

（6a）には，文中に主語の I と目的語の him の 2 つの名詞が現れています。この場合，不定詞 to come の意味上の主語は何を指すでしょうか。（6b）をみてください。（6b）において，$\boxed{S}$ から最も近い名詞は目的語の him であり主語の I ではありません。よって，（5）の規則から，（6b）の $\boxed{S}$ は him を指すことになります。このように，（6a）の不定詞 to come の意味上の主語 $\boxed{S}$ は him と同一で，文全体の意味は「私は彼に帰ってきてほしかった」になります。

なお，（6a）は（3）と似ていますが，（6a）は第 4 文型なのに対して，（3）は第 3 文型という違いがあります。（6a）には主語の I に加えて目的語の him があるために，（5）の規則によって

⑤ が目的語の him を指すことになります（cf. (6b)）。一方，(3)
には目的語の him がなく名詞は主語の I しかないため，⑤ は必
然的に I を指すことになります（cf. (3')）。

(5) の規則は非常に汎用性が高い規則なのですが，この規則に
あてはまらない重要な例外があります。それは promise を使った
(7a) のような例です。

(7)　a. I promised him to come back.
　　　　（私は彼に帰ってくると約束した）

　　　b. I promised him [⑤ to come back].【第 4 文型】
　　　　 　S　　V　　O　　　O

(7a) は「私は彼に（私が）帰ってくると約束した」という意味
です。つまり，不定詞 to come の意味上の主語は文の主語の I で
す。このことを踏まえて (7b) をみてください。(7b) において，
⑤ から最も近い名詞は目的語の him であって主語の I ではあり
ません。最も近い名詞を指す規則をそのまま適用すると，(7b)
の ⑤ は him を指すことになってしまいます。しかし，実際には，
⑤ が him を指すような読み方はできず，(7b) に示したような
⑤ が I を指すような読み方しかできません。このように promise
を使った (7a) のような文は最も近い名詞を指す規則の例外なの
でとくに気をつけてください。

最後に，冒頭の (1) の不定詞の意味上の主語について，(1')
を使って考えてみましょう。

(1')　[⑤ To cross the river] is dangerous.（＝ (1)）

(1') の ⑤ の前には，意味上の主語の候補となるような名詞が 1
つもありません。このような場合，⑤ は「誰でも」のような《一
般の人》を指すことになります。このことから，(1) は「（誰で
も）その川を渡るのは危険だ」という意味になります。

1.8 There 構文をつくる規則

> 次の文の there って「そこに」という意味ではないのですか？
> There is a book on the table.

　中学校の英語の時間に there 構文という存在を表す構文（存在文）を習ったことがあると思います。there 構文とは，たとえば（1）のような文を指します。

　（1）There is a book on the table.（テーブルの上に本がある）

　（1）は「テーブルの上に本がある（＝存在している）こと」を表す存在文です。（1）の日本語訳の中に「そこに」という訳語はありません。もっというと，there に対応する日本語訳は何も書かれていません。それは，there 構文における there は意味を全くもたない《虚辞》だからです。したがって，there を「そこに」と訳してはいけません。

　there 構文における there は英語の歴史上，最初から虚辞だったわけではありません。虚辞の there は，もともとは場所を表す副詞の there でした。古英語の例である（2）をみてください。

　（2）　Þǣr mæg nihta gehwǣm nīðwundor sēon
　　　　there may night each evil wonder see
　　　（そこでは毎晩恐ろしく不思議なものをみることができる）

文頭の þǣr が現代語の there にあたります。þǣr は場所を表す副詞で「そこで」のような意味をもっています。（2）のような文が there 構文の前身と考えられています。やがて，中英語に入ると，1つの文の中に there が2度現れる例が出てきました。（3）をみてください。

(3)　þere is more plentee of peple þere

there is more plenty of people there

（そこにはたくさんの人々がいる）

　(3) は中英語の例です。この文では現代語の there にあたる
þere が 2 度現れています。文末に現れている þere は場所を表す
副詞で「そこに」のような意味をもっています。場所を表す副詞
が文末にあるのですから，文頭の þere は場所を表す副詞とは考
えられません。つまり，文頭の þere は主語であるというだけで，
実質的な意味を何らもっていないのです。もうお気づきのように，
この文頭の þere こそが現代語の虚辞 there の元祖なのです。こ
れで，there 構文における虚辞 there のルーツがわかったと思い
ます。

　上でみたように，英語では存在文で使われる虚辞と場所を表す
副詞がまったく同じ形（there）をしていますが，このようなこ
とは珍しいことではありません。デンマーク語の der やノル
ウェー語の der，そしてスウェーデン語の där などは，それぞれ
存在文で使われる虚辞としても場所を表す副詞としても使われま
す。さらに，イタリア語の例をみてみましょう。

(4)　C'è un libro sulla tavola.（テーブルの上に本がある）

虚辞 is a book on table

　(4) はイタリア語の存在文です。文頭の C'è は虚辞の ci と
essere（～がある）の短縮形です。(4) では ci が虚辞として使わ
れていますが，ci は ci vengo（そこに行く）のように場所を表す
副詞としても使われています。つまり，イタリア語でも存在文で
使われる虚辞と場所を表す副詞の形が同じだということです。こ
れらの例から，存在文で使われる虚辞と場所を表す副詞が同じ形
であることは，珍しいことではないといえます。

　世界の多くの存在文には次のような傾向がみられます。

存在文には，場所語が現れる。

上の《場所語》とは，（1）の on the table のような具体的な場所を示すことばを指しているのではありません。《場所語》は，場所を表すことばと同じ形であるにもかかわらず，もはや場所の意味を表さなくなったことばを指します。英語の虚辞の there やイタリア語の虚辞の ci などが《場所語》の典型例です。ただし，ここで注意しなければならないのは，必ずしも「場所語イコール虚辞」ではないということです。（1）と同じ内容をフランス語ではどのようにいうのかをみてみましょう。

(5)　Il　y　a　un livre sur la table. （テーブルの上に本がある）
　　　虚辞 場所語 have a book on the table

（5）はフランス語の存在文です。文頭の Il は虚辞で，y が場所語にあたります。英語やイタリア語などとは違って，フランス語では虚辞と場所語がそれぞれ別の単語として現れています。つまり，フランス語では，「場所語イコール虚辞」ではないということです。次にスペイン語の例をみてみましょう。

(6)　Hay　un libro sobre la mesa. （テーブルの上に本がある）
　　　have＋場所語 a book on the table

（6）はスペイン語の存在文です。スペイン語には虚辞がありません。文頭には英語の have にあたる Hay が現れて存在文を表します。その Hay ですが，Hay の y は 5）でみたフランス語の y と同じ語源をもつ場所語です。つまり，スペイン語の存在文では，場所語は動詞と融合して１つの単語になっているということです。これまでのことを整理すると（7）のような表になります。

(7)	言語	場所語の位置		
a.	英語（cf.（1））・イタリア語（cf.（4））	虚辞＝場所語		動詞
b.	フランス語（cf.（5））	虚辞	場所語	動詞
c.	スペイン語（cf.（6））			動詞＋場所語

　英語，イタリア語，フランス語，スペイン語の存在文には，いずれも場所語が含まれています。しかし，場所語が現れる位置が言語によってさまざまです。まず，（7a）のように，英語やイタリア語では，虚辞と場所語はイコールの関係です。次に，（7b）のように，フランス語では，場所語は虚辞と離れた場所に現れています。しかもフランス語の場所語は動詞とも離れた場所にあるので，虚辞と動詞の間にあるということになります。最後に，（7c）のように，スペイン語では，場所語は動詞と融合した形で現れています。以上のことから，存在文において場所語が現れる位置は言語によってさまざまだということがわかったかと思います。

　ところで，英語の存在文には（1）でみたように be 動詞が現れます。there's 〜 という短縮形があるくらい，英語の存在文では be 動詞が基本です。しかし，どの言語の存在文でも be 動詞が基本というわけではありません。上でみたイタリア語とフランス語とスペイン語の例「テーブルの上に本がある」をもう一度みてみましょう。

(4)　C'è un libro sulla tavola.［イタリア語］
　　　虚辞 is a book on table

(5)　Il y a un livre sur la table.［フランス語］
　　　虚辞 場所語 have a book on the table

(6)　Hay un libro sobre la mesa.［スペイン語］
　　　have＋場所語 a book on the table

　（4）のイタリア語の文頭の c'è は，虚辞の ci と essere の短縮形

です。essere はラテン語の esse（= be）に由来します。つまり，イタリア語も英語と同じように存在文では動詞に be 系統の動詞を使っていることがわかります。これに対して，（5）のフランス語の動詞 a（= avoir）と（6）のスペイン語の動詞 hay（= haber）は，どちらもラテン語の habere（= have）に由来します。つまり，フランス語とスペイン語の存在文は，動詞に be 系統の動詞ではなく have 系統の動詞を使っているということがわかります。これらを整理し，さらに（7）の表の情報も組み込むと，（8）の表が完成します。

		動詞	例文	言語
(8)	a.	be 系統の動詞	There is a book on the table.（cf.（1）） **虚辞と場所語が同一**	英語
	b.		C'è un libro sulla tavola.（cf.（4）） **虚辞と場所語が同一**	イタリア語
	c.	have 系統の動詞	Il y a un livre sur la table.（cf.（5）） **虚辞と場所語は別**	フランス語
	d.		Hay un libro sobre la mesa.（cf.（6）） **動詞に場所語が付く**	スペイン語

（8）をみると，存在文に現れる動詞は be 系統の動詞か have 系統の動詞のどちらかであることがわかります。諸外国の存在文から英語の存在文を眺めると，英語の存在文は《場所語が虚辞として現れ，かつ動詞に be が使われる》という特徴をもっていることがわかります。

1.9 結果構文をつくる規則

次の文を「結果構文」と呼ぶそうですが，いったい何ですか？
The horses dragged the logs smooth.

「馬が丸太を引きずった」を英語に翻訳すると The horses
dragged the logs. のような英文になります。また，「丸太がすべ
すべになった」を英語に翻訳すると The logs became smooth. の
ような英文になります。1 つめの英文と 2 つめの英文を合わせて
1 つにすると，(1) のような英文になります。

(1)　The horses dragged the logs smooth.
　　　（馬が丸太を引きずって，丸太がすべすべになった）

(1) は「馬が丸太を引きずって，その結果，丸太がすべすべに
なった」という意味です。このような《結果》の意味を含む文は
一般に《結果構文》とよばれています。(1) のような結果構文で
すが，この文は日本人にとっては直観的に理解することが難しい
英文です。というのも，(1) の英文に対応する日本語文がないか
らです。

日本語では「馬が丸太を引きずった」も「丸太がすべすべに
なった」もどちらも文法的ですが，この 2 つの文を (2) のよう
に統合して 1 つの文にすることはできません。

(2)　*馬が丸太をすべすべに引きずった。

(2) は「馬が丸太を引きずって，その結果，丸太がすべすべに
なった」という意味を表そうとして無理につくり出した文です。
しかし，(2) は非文法的な文です。このことから，(1) の英文に
対応する日本語文がないことがわかります。

(1) のような結果構文は，学校文法では，SVOC の第 5 文型に

分類されています。(1) に SVOC を付したのが (3) です。

(3)　<u>The horses</u> <u>dragged</u> <u>the logs</u> <u>smooth</u>.（＝ (1)）
　　　　S　　　　V　　　　O　　　　C

学校文法では代表的な第 5 文型の例として次のような英文がとり
あげられています。

(4)　a. <u>I</u> <u>believed</u> <u>Tom</u> <u>honest</u>.（私はトムが正直だと思った）
　　　　 S　　V　　　O　　　C

　　 b. <u>We</u> <u>call</u> <u>her</u> <u>Beth</u>.（私たちは彼女をベスとよぶ）
　　　　 S　　V　　O　　C

　　 c. <u>Mary</u> <u>keeps</u> <u>her room</u> <u>clean</u>.
　　　　 S　　　V　　　　O　　　　C
　　（メアリーは部屋をきれいにしている）

　(4a) は第 5 文型で「私はトムが正直だと思った」という意味で
す。「私がトムのことを一生懸命信じた結果，トムが正直者になっ
た」という意味ではありません。つまり，(4a) は第 5 文型では
ありますが，結果構文ではありません。また，(4b) も第 5 文型
で「私たちは彼女をベスとよぶ」という意味です。「私たちが彼
女をよび続けた結果，彼女がベスになった」という意味ではあり
ません。つまり，(4b) も第 5 文型ではありますが，結果構文で
はありません。(4c) も第 5 文型で「メアリーは部屋をきれいに
している」という意味です。「メアリーが部屋を片付けた結果，
部屋がきれいになった」という意味ではありません。つまり，
(4c) も第 5 文型ではありますが，結果構文ではありません。
　(4a)〜(4c) のように，学校文法で扱う第 5 文型のほとんどが結
果構文ではありません。
　(1) のような結果構文に現れる C と (4) のような結果構文以
外に現れる C には重要な違いがあります。それは，結果構文に
現れる C は O の結果を表しているのに対して，結果構文以外に

現れる C は O とイコールの関係を表しているということです。一般的に O の結果を表している C は《結果述語》とよばれていて，この結果述語をともなう文が結果構文とよばれています。

他の結果構文の例をみてみましょう。

(5) John hammered the metal flat.
　　 S　　 V　　　 O　　 C

（ジョンが金属をハンマーでたたいて，その結果，金属が平らになった）

(5) も第 5 文型です。(5) は「ジョンが金属をハンマーでたたいて，その結果，金属が平らになった」という意味を表しています。ここでとても重要なことは，「その金属はたたかれたから平らになった」ということです。つまり，その金属はたたかれる前は平らではなかったということです。このことから，(5) の C は結果述語であり，(5) はその結果述語をともなっていることから結果構文であることがわかります。

ここで，一見すると結果構文のようにみえるものの，実際は結果構文ではない例をみてみましょう。

(6) Nancy cut the meat thick. （ナンシーは肉を厚く切った）
　　 S　 V　　 O　　 C

(6) も第 5 文型で文法的な文ですが「ナンシーが肉を切り，その結果，その肉が厚くなった」という意味ではありません。つまり，thick（厚く）は《結果》を表してはいません。(6) は「ナンシーは肉を厚く切った」という意味で，thick は「肉の切り方」を表しています。すなわち thick は《様態》を表しているのです。上でみたように，結果構文に現れる C は《結果》を表す結果述語です。しかし，(6) の C は結果述語ではありません。このように，(1) の結果構文も (6) のような英文もどちらも形は第 5 文型ですが，(1) は結果構文であり (6) は結果構文ではありま

せん。英文を読んでいて第5文型が現れたときには，結果構文かそうではないかを慎重に見極める必要があります。

　次の英文も結果構文のようにみえるものの，実際は結果構文ではない例です。

(7)　<u>John</u> <u>hammered</u> <u>the metal</u> <u>hot</u>.
　　　 S　　　 V　　　　 O　　　 C

（ジョンは金属が熱いうちにハンマーでたたいた）

「鉄は熱いうちに打て」ということわざがありますが，(7) はまさに「ジョンは金属が熱いうちにハンマーでたたいた」という意味です。けっして「ジョンが金属をハンマーでたたき，その結果，金属が熱くなった」という意味ではありません。金属はたたかれる前から熱かったのです。(7) の hot は the metal の状態を《描写》しているので《描写述語》とよばれています。つまり，(7) の hot は《描写述語》であって《結果述語》ではありません。

　(7) は結果述語をともなっていないため結果構文ではないということになります。

　ここで，下のように (5) と (7) を並べてみてみましょう。

(8)　a. John hammered the metal <u>flat</u>.（＝(5)）
　　　　　　　　　　　　　　　　 結果述語

　　　b. John hammered the metal <u>hot</u>.（＝(7)）
　　　　　　　　　　　　　　　　 描写述語

(8a) と (8b) は統合して (9a) のように1つの文にすることができます。

(9)　a. John hammered the metal　<u>flat</u>　<u>hot</u>.
　　　　　　　　　　　　　　　　 結果述語 描写述語

　　　（ジョンは金属が熱いうちにハンマーでたたいて，その金属を
　　　　平らにした）

b.*John hammered the metal <u>hot</u> <u>flat</u>.
　　　　　　　　　　　　　　描写述語　結果述語

　(9a) は，「金属が熱いうちにジョンがハンマーでたたいた」こ
とと，「ジョンが金属をハンマーでたたいて，その金属を平らに
した」ことが合わさった意味をもっています。ここで注意してほ
しいのは語順です。(9a) は，結果述語（flat）−描写述語（hot）
の語順になっていて文法的です。ところが，(9b) のように描写
述語（hot）−結果述語（flat）の語順に替えてしまうと非文法的
になってしまいます。語順が重要ということがわかります。
　最後に，冒頭で挙げた (1) の結果構文ですが，この英文に対
応する日本語文はありませんでした。しかし，日本語に結果構文
がないというわけではありません。日本語にも結果構文はあるの
です。次の例をみてください。

　(10)　<u>John</u> <u>painted</u> <u>the wall</u> <u>red</u>.
　　　　　S　　　V　　　O　　　C
　(11)　<u>ジョンは</u>　<u>壁を</u>　<u>赤く</u>　<u>塗った</u>。
　　　　　S　　　　O　　　C　　　V

　(10) は「ジョンが壁を塗った結果，その壁が赤くなった」とい
う意味の結果構文です。(10) を日本語に直訳すると (11) のよ
うに文法的な文になります。(11) の日本語の文は，語順の違い
を除けば，(10) の英文と完全に対応していることがわかります。
　このことから，日本語にも結果構文があることがわかります。

コラム　There 構文の一致の謎

　英語は主語と動詞が単数・複数の点で一致します。

　（ i ） A book {is / *are} on the table.

　（ i ）では主語の a book が単数形なので動詞も単数形（is）と一致します。（ i ）では主語が動詞の左側にきていますが，there 構文では（ ii ）のように主語が動詞の右側にきています。

　（ ii ） There {is / *are} a book on the table.

there 構文では，（ ii ）のように動詞の右側に主語が現れるので，動詞は右側の主語と一致しているかのようにみえます。しかし，そうではありません。there 構文でも（ i ）とまったく同じ一致の方法がとられているのです。（ iii ）をみて下さい。

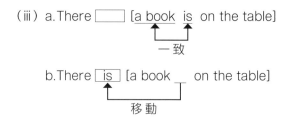

まず，（ iii a）のように主語（a book）と動詞（is）が一致します。この一致の方法は（ i ）でとられている方法とまったく同じです。there 構文が特殊なのは，主語と一致した動詞(is)が（ iii b）のように左側に移動することです。つまり，there 構文においても，英語に一般的にみられる（ i ）のような主語と動詞の一致の方法がとられているのです。

第2章
意味の規則にまつわる疑問

― 意味論 ―

The bus is stopping ではバスは止まってないんだよ。

レイ・ジャッケンドフ（概念意味論を提唱）

2.1 冠詞の規則

次の文はなぜダメなのでしょうか？
*I like book.

book が使われている例には，次のようなものがあります。

I want *a book*.

I bought two copies of *the book*.

Is this *his* book?

I like to read *books*.

何か気づかないでしょうか？それは，book には必ず何かついて
いるということです。上の例だと a book，the book，his book，
books のように，book の前と後ろに何かついていますよね。実
際，I like *book* のような例はどの辞書にも出てきません。なぜ，
冠詞などが何もつかない「裸の book」が使われている例はない
のでしょうか？ここでは，この「裸の名詞（裸名詞）」の正体を
おさえることで冠詞の理解を深めていきます。

　まず，辞書で英単語を調べるときのことを考えてみましょう。
見出しはすべて冠詞など何もついていない裸名詞の状態ですよね。
「当たり前だろ」と思われるかもしれませんが，当たり前ではな
いんです。すぐ上でみたように，裸名詞の book を使った I like
book のような文は，実際には誰もみたことがないユニコーンの
ようなものです。さらに，裸名詞の book を使った I want *book* も
two copies of *book* も I like to read *book* もすべて実際に使われる
ことはありません。このように実用性がまったくないにもかかわ
らず，なぜ辞書では裸名詞の book が見出しに使われているので
しょうか？

　それは，book は「本」の名称を表すからです。たとえば，英

語では「本」のことを book とよび，「犬」のことを dog とよび，
「机」のことを desk とよびます。辞書は英単語の名称を載せる
ものですから，裸名詞の book や dog や desk などが使われてい
るのです。そして，これこそが裸名詞の正体なのです。

裸名詞はものの名称を表す。

裸名詞が名称を表す証拠として，有名な英語の笑い話を1つ紹介
します。

(1)　Could you call me doctor?

「医者をよんでほしい」という意味で (1) のように裸名詞の
doctor を使ってしまうと，「ボクのことを「お医者様」とよん
で」という意味になってしまいます。これは，裸名詞の doctor
が「医者」の名称を表すからです。本当に医者をよんでほしいと
きは a をつけて Could you call me a doctor?（私に医者をよんでく
れますか？）といいます。このように，裸名詞は名称を表してい
るのです。
　ここで重要なことは，裸名詞はあくまで名称であって具体的な
ものを表してはいないということです。実際，(1) の doctor も
「医者」の名称のことであって，具体的なお医者さんのことでは
ありません。すぐ上でみたように，裸名詞の doctor に冠詞の a
をつけて a doctor にすると実際のお医者さんを表すようになり
ます。つまり，冠詞をつけるというのは裸名詞を具体的なものに
するということなのです。さらに，次の dog の例をみてください。

(2)　a. The dog barked at the stranger.
　　　　（犬は見慣れない人に吠えた）

　　b. John tied a dog to a tree.（ジョンが犬を木につないだ）

　　c. He feeds his dogs every day.（彼は犬に毎日エサをあげる）

（2）の dog はどれも名称ではなく，具体的な犬を指しています。例文をもとにまとめてみると，こんな感じです。

（2a）the dog －見慣れない人に吠えた犬
（2b）a dog －ジョンが木につないだ犬
（2c）his dogs －彼が飼っている犬たち

このように具体的な犬を表す場合は dog に冠詞や代名詞や複数形の s などがついていることがわかります。ここで，冠詞などがついている名詞を「裸ではなく衣をまとっている」という比喩的な意味で「衣名詞」とよぶことにすると，英語には次のような規則があることになります。

英語では，具体的なものを表す場合は衣名詞を使う。

つまり，冠詞などをつけるというのは，「名称じゃなくて具体的なものだよ」というサインなのです。このことを，冒頭の book の例をもとに図示すると次のようになります。

（3）《裸名詞と衣名詞の関係》

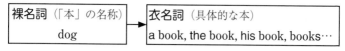

裸名詞（「本」の名称）	衣名詞（具体的な本）
dog	a book, the book, his book, books…

以上のことを踏まえて，次の 2 つの文をみてください。

（4）　a. I like to read books.（本を読むのが好きだ）
　　　b. *I like *book*.

（4a）は絵本やマンガなどの具体的な本をいろいろ読むのが好きということなので，衣名詞である複数形の books が使われています。これに対して，（4b）の裸名詞の book は具体的な本ではなく「本」の名称を表します。そのため，I like book は「名称と

しての本が好き」という意味不明な文になってしまいます。I like book は意味不明な文なので実際に使われることがないのです。日常の会話では具体的なものについて話すため，book や dog が裸名詞で使われることはまずありません。

ただし，衣名詞の規則には1つだけ例外があります。それが，次のような例です。

(5) a. I usually gain knowledge from books.
（普段，本から知識を得る）

b. I want to drink water.（水を飲みたい）

（5a）の knowledge from books は本から得られる具体的な知識のことを表していますが，knowledge には冠詞など何もついていません。同様に，（5b）は「水を飲みたい」という意味ですから具体的な水のことを表していますが，water にも冠詞など何もついていません。衣名詞の規則からすると，（5a）の knowledge も（5b）の water も具体的なものを表しているので衣名詞にならないといけないはずですが，裸名詞のままです。

これは，knowledge と water が数えられない不可算名詞だからです。knowledge は「知識」という目にみえないものですから数えられません。また，water は「水」という物質であり，形を変幻自在に変えることができます。半分の量にしても倍の量にしても水のままです。これは book のように数えられる可算名詞と明らかに異なります。「本」は半分にしたらもう book とはよべませんよね。water は book のように数えるための基準となる形がないので数えられません。つまり，knowledge と water は「1つ」と数えることができないので，「1つ」を表す a がつかないわけです。このことは，数えられない不可算名詞すべてにあてはまるので，英語には次の規則があることになります。

不可算名詞には a や an がつかない。

この規則があるから，不可算名詞は「1つ」を表す a や an をつけたくてもつけられません。そして，これが衣名詞の規則の唯一の例外なのです。というのも，不可算名詞の knowledge も water も a がつかないだけで the や his などはつくのです。次の例をみてください。

(6) a. His knowledge of English is poor.
　　　 （彼の英語の知識は貧弱である）

　　 b. The water is boiling. （お湯が沸いている）

　(6a) の his knowledge of English は「彼の英語の知識」という具体的な知識を表しています。そのため，knowledge に his がついています。また，(6b) はやかんなどに入っている特定の「水」を表しています。そのため，water に the がついています。このように，不可算名詞の knowledge も water も具体的なものを表す場合は基本的に衣名詞になります。他にも次のような衣名詞の例があります。

all knowledge，John's knowledge，some water，this water

このことから，不可算名詞には a や an だけが例外的につかないことがわかります。

　ここでは，まず裸名詞の正体をおさえてから冠詞について考えてきました。つまり，冠詞がないとはどういうことかを考えることで，冠詞があることの意味を考えたわけです。冠詞などが何もない裸名詞は名称を表しています。単なるものの名前です。そこに冠詞をつけることで具体的なものを表すようになります。裸名詞に衣を着せることで命を吹き込む感じですね。つまり，英語の裸名詞は基本的にそのままでは使えないため冠詞をつけているのです。

2.2 前置詞の規則

次の文はどんな意味ですか？
I'm not really much on dinner parties.

前置詞はそれぞれのコアイメージ（中心的な意味）をもっています。たとえば，on は「接触」というコアイメージをもちます。では，on のコアイメージを知っていると冒頭の文の意味がわかるのでしょうか？ここでは，コアイメージという点から前置詞についてみていきます。

前置詞には基本となるコアイメージがあります。たとえば，on と in のコアイメージは次のようになります。

（1）a. on：　　　　　　　　　　b. in：

基本的に on は「くっついている」ことを表し，in は「中にある」ことを表します。このようなコアイメージの違いがあるため，次の（2）では on が使われるか in が使われるかでイメージされる状況が異なります。

（2）He sat ｛on / in｝ the chair.（椅子に座った）

（2）は「椅子に座った」ことを表しますが，on の場合は「くっついている」ことを表すため「単に椅子の**上に**腰かけた」ことになります。一方，in の場合は「中にある」ことを表すため「椅子の**中に**（深々と）腰かけた」ことになります。in のほうがよりリラックスして座っている感じになります。このように，on と in がもつコアイメージによって，どのような状況かをより具体的にイメージすることができます。

さらに，次の例をみてください。

(3) We ate at a restaurant ｛on / along｝ the river.

(3) で on が使われた場合は「川沿いのレストラン」なのか「川の上に浮かぶレストラン」なのか曖昧です。つまり，on の「くっついている」というコアイメージから 2 つの意味が可能になります。ただ，現実的には川の上に浮かぶレストランはまずないでしょうから，「川沿いのレストラン」という意味が優先されます。これに対して，(3) で along を使うと「川沿いのレストラン」という意味しかありません。これは，along には long が入っていることからもわかるように，along は「長く平行に並んでいる」というコアイメージをもつからです。「川沿いのレストラン」であることをより明確に伝えるなら along が使われます。

このように，前置詞のコアイメージをおさえることで，前置詞を適切に使えるだけではなく，前置詞の使い分けもできます。しかし，一方で前置詞に迷うこともありますよね。なぜ，(1) のようなコアイメージを知っているのに，いまだに on なのか in なのか迷うことがあるのでしょうか？

もう一度，(3) をみてください。上でみたように，on と along のコアイメージを知っていることで，on the river と along the river が「川沿いのレストラン」という意味になることがわかります。ここで重要なことは，「川沿いのレストラン」を on と along の 2 つの前置詞で表すことができるということです。つまり，「川沿いにレストランがある」という状況を以下の 2 つのイメージで捉えていることになります。

(4)「川沿いにレストランがある」
└┌(a) お店と川が接しているイメージ
　└(b) お店と川が平行に並んでいるイメージ

「どのようなイメージで捉えるか」が決まると，次にそのイメージに合うコアイメージが決まり，コアイメージが決まるとそ

のコアイメージをもつ前置詞が選ばれることになります。(4) の
場合は次のようになります。

(5) a. お店と川が**接している**イメージ

b. お店と川が**平行に並んでいる**イメージ

(5a) の「接している」というイメージは「接触」を表すコア
イメージで表されます。そのため，「接触」を表すコアイメージ
をもつ on が選ばれます。一方，(5b) の「平行に並んでいる」
というイメージは「平行」を表すコアイメージで表されます。そ
のため，「平行」を表すコアイメージをもつ along が選ばれます。
　ここまでみてきてわかることは，ある状況をどのようなイメー
ジで捉えるかが決まらないとどの前置詞が使われるかが決まらな
いということです。言い換えれば，(4) のイメージさえわかれば，
前置詞で迷うことはないのです。実際，みなさんは (5) は理解
できると思います。たとえば，「接している」というイメージが
決まればそのコアイメージをもつ on を使いますよね。コアイ
メージを使って前置詞を解説している本は，(5) の部分だけを解
説しているのです。しかし，前置詞を使う上で重要なのは (4)
の段階，つまり，「ある状況をどのようなイメージで捉えるか」
なのです。
　この点について，さらに詳細にみていきましょう。みなさんは，
次の文はどういう意味だと思いますか？

(6) I'm not really much on dinner parties.

(6) は「晩餐会があまり好きではない」という意味です。つま
り，(6) の on dinner parties は「晩餐会が**好き**」という意味で使

われています。この場合,「好き」というのを「好きなものにピタッとくっついている」イメージで捉えているのです。好きなものどうしがいちゃいちゃしている感じですね。

(7)「好き」: 私とパーティーが**くっついている**イメージ

(7) のイメージが決まれば,後は (5a) と同じ流れになります。「接している」というイメージは「接触」を表すコアイメージで表され,そのコアイメージをもつ on が選ばれるということです。

(6) の on dinner parties の意味がわからなかった人は on のコアイメージがわからなかったのではなく,「好き」というのを英語の母語話者がどういうイメージで捉えているかという (7) がわからなかったのです。

みなさんの中には,「好き」に対して「のめり込む」イメージを思い浮かべる人がいると思います。その場合は,次のようになります。

(8)「好き」: 私がパーティーに**のめり込む**イメージ

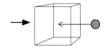

(8) の場合,みなさんはどの前置詞を使いますか？ほとんどの人がinto を選ぶと思います。それは,(8) の最後にあるコアイメージをもつのが into だと知っているからです。そして,実際,(6) には into も使えます。

(9)　I'm not really much into dinner parties.（cf.（6））
　　　（晩餐会があまり好きではない）

このことからも,前置詞の使い方や意味がわからないときは,

前置詞で迷っているのではなく，「状況をどのようなイメージで捉えるか」に迷っているのです。つまり，（4）や（7）の段階で迷うのです。イメージさえ決まればコアイメージも決まるので，まず前置詞を間違えることはありません。

　問題は「状況をどのようなイメージで捉えるか」というのはあくまで英語の母語話者の捉え方であるということです。たとえば，先ほどの「好き」は「夢中になるくらいどっぷり中に入っている」というイメージでも捉えられます。その場合，「中にいる」というコアイメージがぴったりくるので（1b）の in も使えそうですが，（6）では *in* dinner parties は使えません。ここでのポイントは，「好き」を「中にいる」というイメージで捉えて in を使ったなら前置詞の使い方は間違っていないということです。ただ，英語の母語話者は「好き」を「中にいる」というイメージでは捉えていないだけなのです。

　最後に，「慣用」についてみておきます。次の例をみてください。

（10）Please fill ｛in / out｝ the form.（用紙に記入してください）

in と out は反対の意味を表しますが，「記入する」は fill in とも fill out ともいいます（fill in は主にイギリス英語で，fill out は主にアメリカ英語で用いられます）。同僚の英語の母語話者（アメリカ人）に聞いたところ，「fill in のほうが「書き込む」イメージがわきやすいが fill out を使う」とのことでした。その理由は「よく使われるから」だそうです。おもしろいのは「なぜ out なのかはイメージできないが使っている」ということです。「そんなことあるの？」と思われるかもしれませんが，日本語でも靴入れのことを「下駄箱」といいますよね。もう下駄を履いている人はほぼいないのに，いまだに「下駄」という言い方が使われます。慣用的に使われるものは，たとえ元の意味がわからなくても使われ続けます。それがことばの大きな特徴なのです。前置詞も慣用的に使われている場合があることを覚えておいてください。

2.3 代名詞の規則

次の２つの文の it と one の違いって何ですか？
He wants to sell his car, and I want to buy *it*.
He wants to sell his car, and I want to buy *one*.

　英語の代名詞の中には，日本人にとって使い分けが難しいものがあります。その１つが it と one です。みなさんは，冒頭の文で it を使う場合と one を使う場合の意味の違いがわかりますか？ここでは，英語の代名詞を日本語の代名詞と比較することで，英語の代名詞の特徴をみていきます。

　まず，最初におさえておくべきことは，次のことです。

英語の代名詞と日本語の代名詞は性質が異なる

「性質が異なる」とはどういうことかというと，「英語の代名詞は「純粋な」代名詞なのに対して，日本語の代名詞は名詞っぽい」ということです。たとえば，日本語の代名詞の「彼女」は「ガールフレンド」という名詞の意味でも使われます。「彼女がほしい」は「ガールフレンドがほしい」という意味です。これに対して，英語の代名詞の she には「ガールフレンド」という意味はありません。she は Mary や Ana のような女性の代わりをするだけの「純粋な」代名詞なのです。

　さらに，次の日本語と英語の代名詞の例をみてください。

(1)　a. 背の高い**彼女**：*tall *she*
　　　（cf. 背の高い少女たち：tall *girls*）
　　b. 昨日の**彼**：*yesterday's *he*
　　　（cf. 昨日の新聞：yesterday's *papers*）

（1a）の「背の高い彼女」も（1b）の「昨日の彼」も自然な日本語です。しかし，これらを英語の代名詞の she や he を使って「直訳」することはできません。事実，形容詞の tall を使って tall she とはいえませんし，yesterday's を使って yesterday's he ともいえません。she や he のような英語の代名詞は，形容詞などといっしょには使えないのです。英語では，形容詞などといっしょに使えるのは girl や paper といった名詞だけです。名詞の場合は，形容詞などを使って tall *girls* や yesterday's *papers* のようにいうことができます。このことから，英語の代名詞には次のような特徴があることがわかります。

　英語の代名詞は形容詞などといっしょに使えない点で名詞とは異なる。

　一方，日本語では（1a）の「背の高い彼女」や（1b）の「昨日の彼」のように「彼女」や「彼」などの代名詞が形容詞などといっしょに使えることから，日本語の代名詞は英語の代名詞と違って名詞的な性質が強いといえます。

　ちなみに，日本文学研究家のエドワード・サイデンステッカーは，川端康成のノーベル文学賞記念講演の題名である「美しい日本の私」を次のように訳しています。

　（2）　Japan, the Beautiful, and Myself（美しい日本の私）
　　　　（cf. *Beautiful Japanese I）

代名詞の I は形容詞の beautiful や Japanese といっしょに使えないため，Beautiful Japanese I とは訳せません。そのため，（2）では「美しい日本の私」を「日本（Japan）」と「美しいもの（the Beautiful）」と「私自身（Myself）」に分けて英訳しています。まさに，サイデンステッカーの名訳ですね。なお，（1）の「背の高い彼女」は代名詞の she を使わずに，girl や woman などの名詞を使って a tall girl や a tall woman と訳されます。また，（1b）の

「昨日の彼」もそのままでは訳せませんが，文章で使われるなら yesterday を副詞にして訳します。たとえば，「昨日の彼は疲れ果てていたよね」なら Yesterday he seemed exhausted（昨日，彼はとても疲れているようにみえた）のように訳します。

このように，英語の代名詞と日本語の代名詞は性質が異なります。性質が異なるため，英語の代名詞には日本語の代名詞とは異なった特徴があります。以下では，日本語の代名詞と比較しながら，英語の代名詞の3つの大きな特徴についてみていきます。

① 英語の代名詞には「名詞の繰り返しを避ける」という役割がある

次の（3）は太宰治の『走れメロス』の一場面であり，（4）はその英訳です。（3）の原文の日本語と（4）の英語をくらべてみましょう。

（3）　メロスには政治はわからぬ。メロスは，村の牧人である。笛を吹き，羊と遊んで暮して来た。

（4）　Melos knew nothing of politics. *He* was a mere shepherd from an outlying village who spent *his* days playing *his* flute and watching over *his* sheep.

（3）の原文では「メロス」が繰り返されていますが，（4）の英訳では Melos の繰り返しを避けるために代名詞の he が使われています。関連部分を下に示します。

（5）　a. メロスには政治はわからぬ。メロスは，…
　　　b. Melos knew nothing of politics. He was …
　　　　　　　　　　　　　　　　　　　　┗━▶ Melos の繰り返し
　　　　　　　　　　　　　　　　　　　　　　を避ける

このように，日本語では名詞を繰り返し使うのに対して，英語では名詞の繰り返しを避けるために代名詞を使います。このこと

からも，英語の代名詞には「名詞の繰り返しを避ける」という役割があることがわかります。

② 英語の代名詞は省略されない

先ほどの（3）と（4）の対比にはもう1つ重要なポイントがあります。それは，日本語では代名詞を使わないところで，英語では代名詞を使うということです。関連部分を下に示します。

(6)　a. 笛を吹き，羊と遊んで暮して来た。
　　　b. …playing his flute and watching over his sheep.

（6a）の「笛」と「羊」に対して，（6b）の英訳ではそれぞれ his flute と his sheep のように代名詞の his が使われています。つまり，日本語では代名詞（彼の）が省略されるのに対して，英語では代名詞（his）が省略されずに使われます。前後文脈で「彼の笛」であることも「彼の羊」であることも明らかなので，（6b）のように his を繰り返すのはくどいように思えますよね。でも，英語では代名詞を省略しないのです。

なお，代名詞を省略するかどうかで，世界の言語を大きく3つに分けることができます。次の表をみてください。

(7)

《タイプ I》代名詞を省略できる言語	《タイプ II》代名詞の省略が一定でない言語	《タイプ III》代名詞を省略しない言語
日本語，中国語，タイ語，朝鮮語，ベトナム語，…	アラビア語，トルコ語，ヘブライ語，ラテン語，…	**英語**，フランス語，ドイツ語，イタリア語，…

まず，日本語のように代名詞を省略できる言語には中国語や朝鮮語などがあります。一方，英語のように代名詞を省略しない言語

にはドイツ語やフランス語などがあります。また、その中間にある言語、つまり代名詞を省略する場合もしない場合もある言語としてはアラビア語やトルコ語などがあります。

　(7) の表からも、英語の代名詞と日本語の代名詞は性質が異なることがわかります。

③「特定」のものを指すか「不特定」のものを指すかで代名詞が区別される

　次の (8) の囲みは、意味が異なります。

(8)　a. He wants to sell his car, and I want to buy *it*.
　　　　（彼は車を売りたがっているが、私はその車（＝彼の車）を買いたい）

　　　b. He wants to sell his car, and I want to buy *one*.
　　　　（彼は車を売りたがっているが、私は車（≠彼の車）を買いたい）

まず、(8a) の it は his car を指します。it は「彼の車」という特定の車を指しているわけです。そのため、(8a) の I want to buy *it* は「私は彼の車（＝彼が売ろうとしている車）がほしい」という意味になります。一方、(8b) の one は car のみを指します。つまり、one は his car という特定の車を指しません。そのため、(9b) の I want to buy *one* は「私は（車を売りたいのではなく）車を買いたいと思っている」という意味になります。このように、it は特定の車（his car）を指し、one は不特定の車（a car）を指します。代名詞が「特定（definite）」のものを指すか「不特定（indefinite）」のものを指すかで区別されているのです。

　代名詞だけでなく、英語の冠詞も特定のものを指すときは the、不特定のものを指すときは a や an というように区別されていますよね。英語にとっては、To be definite, or not to be, that is the question なのです。

2.4 仮定法の規則

> 次の文は if がないのに仮定法になるのはなぜですか？
> I wouldn't say that.

I wouldn't say that は「私ならそんなこといわない」という意味の仮定法の文です。では、なぜ仮定法とみなせるのでしょうか。いったい何が仮定法の「目印」になっているのでしょうか？ここでは、仮定法の規則についてみていきます。

まず、次の2つの文をみてください。

(1) a. If we catch the train, we will get there by lunchtime.
　　（その電車に乗れば、昼食までにそこに着くだろう）

　　b. If we caught the train, we would get there by lunchtime.
　　（その電車に乗れたら、昼食までにそこに着くのになぁ）

(1a) と (1b) はともに「その電車に乗れば昼食までにそこに着くだろう」ということを表しています。でも、(1a) と (1b) は可能性という点で違いがあります。まず、(1a) は「その電車に乗れば昼食までに着く可能性がある」ことを述べています。「昼食までにそこに着きたいのなら、その電車に乗れば着くよ」といっているわけです。

一方、(1b) のように catch と will をそれぞれ過去形の caught と would にすると仮定法の文になります。仮定法は基本的に「ありえないこと」を表すため、(1b) には「今からではその電車にまず乗れないだろう」という含みがあります。つまり、(1b) の場合はもう間に合わないと思っているのです。

では、(1b) が仮定法であることがわかる「目印」は何でしょうか？「if もあるし、過去形も使われているからでしょ」と思うかもしれませんが、if も過去形も仮定法の目印とはいえないので

す。まず，if が仮定法の目印といえないのは，仮定法ではない（1a）でも if は使われるからです。なので，if があってもそれだけでは仮定法かどうかはわかりません。

また，過去形も仮定法の目印とはいえません。確かに，仮定法では動詞を過去形にしますが，それだけでは仮定法とはわかりません。次の例をみてください。

(2)　If I said that, I apologize.
　　　（そういったとすれば，お詫びします）

(2) では過去形の said が使われていますが，(2) は仮定法ではありません。If I said that は単に過去の出来事を指しており，「（記憶が定かでないけど）もし私が実際にそういったなら」という意味を表しています。このように動詞の過去形が使われていても必ずしも仮定法にはならないのです。

ここまでくるとおわかりかと思いますが，答えは（1b）の would です。より正確にいうと助動詞の過去形が仮定法の目印になります。実際，次のような if がない仮定法の文はよく使われます。

(3)　a. I wouldn't say that.
　　　　（私ならそんなことはいわないだろう）
　　　b. I couldn't be better.
　　　　（これ以上よくなることはありえない（＝最高だよ））

(3a) は，「私がそんなことをいうことはありえない」という意味になります。if がなくても，would があることで仮定法であることがわかります。また，(3b) の couldn't be better は「最高だよ」という意味の慣用表現です。How's it going?（調子はどう？）と聞かれたときなどに使いますが，「これ以上（体調が）よくなることはまずありえない」ということから，「（体調は）最高だよ」という意味になります。この場合も if がなくても，could が

あることで仮定法であることがわかります。

「if があったほうが仮定法ってわかりやすいのになんで if を省略するの？」と思われたかもしれませんが，日本語でも「もし」を使わなくても仮定法の文はつくれます。たとえば，「『少年ジャンプ』が買えたのになぁ」という文は「実際はお金をもっていなくて『少年ジャンプ』を買えない」という意味の仮定法であることがわかりますよね。なぜ仮定法とわかるかというと「のになぁ」があるからです。「のになぁ」があるから，「もし財布をもってきていたら」などといわなくても仮定法とわかるのです。

（3）の仮定法の would や could は，日本語の「のになぁ」のようなものなのです。

では，なぜそもそも助動詞が仮定法の目印に選ばれているのでしょうか？それは，仮定法の意味を考えるとわかります。仮定法は「実際にはそうではないけど，仮にそうだとしたらどうなっているか」をいうときに使います。「仮にそうだとしたら，こうだろうね」という推量を表しているわけです。具体例をみてみましょう。

（4）　a. If we caught the train, we would get there by lunchtime.
　　　　（その電車に乗れたら，昼食までにはそこに着くのになぁ）

　　　b. If I were taller, I could reach that high shelf.
　　　　（もしもっと背が高かったら，あの高い棚に手が届くのになぁ）

（4a）は先ほどみた（1b）ですが，実際にはその電車に乗れないが「仮にその電車に乗れるとしたら昼食までに着くだろう」という推量を表しています。また，（4b）は実際にはそれほど背が高くないが「仮にもっと背が高いとしたらあの高い棚に手が届くだろう」という推量を表しています。

このように，「推量」は仮定法の中心となる意味ですが，助動詞の中心的な意味でもあるのです。なぜなら，ほとんどの助動詞が「推量」を表すからです。たとえば，can は「可能」, will は「意

志」を表しますが、ともに「推量」の意味をもちます。また、may と must もそれぞれ「許可」と「責任」を表しますが、ともに「推量」の意味をもちます。以上のことをまとめると、次のようになります。

(5)《「推量」を表す英語の助動詞》

助動詞	独自の意味	推量の意味
can	可能：He can play the piano.（弾くことができる）	His story can be true.（本当だろう）
will	意志：I will play the piano.（弾くつもりだ）	It will rain tomorrow.（雨になるでしょう）
may	許可：He may play the piano.（弾いてもいい）	His story may be true.（本当かもしれない）
must	責任：He must play the piano.（弾かなければならない）	You must be hungry.（お腹がペコペコにちがいない）

(5) に示されているように、英語の助動詞はそれぞれの独自の意味とともに「推量」の意味も表します。

このように、助動詞は仮定法の中心的な意味である「推量」を表すため、仮定法の目印として使われているといえます。そして、助動詞を過去形にすることで仮定法の目印になることから、次のことがいえます（仮定法で過去形が使われることに関しては 2.5 参照）。

助動詞の過去形は基本的に仮定法を表す。

とくに、仮定法では would と could がよく使われるので、この 2 つが if といっしょに使われていないときは if の部分が隠されていることになります。たとえば、(3) の例は if の部分を補うと次のようになります。

(6) a. I wouldn't say that *if I were you*. (＝(3a))
   (もし私があなたなら，そんなことはいわないだろう)

 b. I couldn't be better *if I tried to be better*. (＝(3b))
   (仮にこれ以上よくなろうとしても，これ以上よくはならないだろう)

 (6a) の I wouldn't say that は if I were you を補えば仮定法の意味がより明確になります。また，(6b) の I couldn't be better は if I tried to be better を補えば仮定法の意味がより明確になります。

 このように，助動詞の過去形は基本的に仮定法を表します。そうすると，慣用表現の would like も would が使われているから仮定法ということになるのでしょうか？答えは Yes です。この場合も，隠されている if の部分を補うと仮定法の意味がより明確になります。次の例をみてください。

(7) Would you like a coffee *if I offered you one*?
   (仮にコーヒーを提供するなら，お飲みになりたいですか？)

Would you like a coffee? は「コーヒーをいかがですか？」という意味の慣用表現ですが，if I offered you one を補うことができます。つまり，Would you like a coffee? には「仮にコーヒーを提供するなら」という含みがあるのです。「飲みたいならコーヒーいれるね」という感じです。このように，仮定法の would like を使って人に何かを勧めると押しつけている感じがない，控え目で丁寧な表現になります。

 このように，仮定法の目印は助動詞の過去形です。would や could などに仮定法のエッセンスが詰まっているのです。

2.5 時制の規則

次の文はなぜ「私は英語の先生です」という意味になるのですか？
I teach English.

I teach English は「私は英語の先生です」という意味になります。なぜ，現在形の teach が使われているのに「ちょうど今（＝現在）英語を教えている」という意味にはならず，「私は英語の先生です」という意味になるのでしょうか？　また，Our plane takes off at 7 は「飛行機は 7 時に離陸します」というフライトの予定を表しています。現在形の takes が使われているのになぜ未来のことを表すのでしょうか？ここでは，英語の時制についてみていきます。

　動詞の現在形や過去形を「時制」といいます。動詞が現在形や過去形になっていると時制をもっていることになります。では，「動詞が時制をもつ」というのはそもそも何を意味しているのでしょうか？具体例をみてみましょう。

　(1)　She ｜works ／ worked｜ for an oil company.（彼女は石油会社に ｜勤めている／勤めていた｜）

　(1) は，現在形の works が使われると「（普段）石油会社で働いている」ことを表し，過去形の worked が使われると「石油会社で働いていた」ことを表します。つまり，現在形や過去形が使われると実際に起こっていること，もしくは起きたことを表します。よって，時制には次のような規則があることがわかります。

　動詞が時制をもつ場合は実際の出来事を表す。

　言い換えれば，実際の出来事を表さない場合は動詞が時制をも

たないことになります。次の例をみてください。

(2)　a. I don't want to go home.（家に帰りたくない）
　　　b. Be quiet!（静かにして）

　(2a)は「家に帰りたくない」という意味です。家には帰っていないわけですから、go home は実際には起きていないことになります。そのため、時制をもたない to go が使われています。(2b)の命令文も同じですね。「静かにしろ！」と命令しているということは、まだ静かではないということです。そのため、時制をもたない be が使われています。

　このように、動詞が時制をもつと実際の出来事を表します。時制の表す意味がわかったところで、つぎに英語の2つの時制について具体的にみていきましょう。まず、英語の現在形からみていきます。現在形の特徴は現在進行形とくらべるとよくわかります。

(3)　He *is working*. He always works at night.
　　　（彼は今働いているよ。いつもは夜に働いているけどね）

　(3)の最初の文では現在進行形の is working が使われ「今仕事中である」ことを表しています。このように、今やっていることを表す場合に現在進行形が使われます（2.7 参照）。一方、2つめの文では現在形の works が使われ「普段は夜に働く」ことを表しています。このように、普段やっていることを表す場合には現在形が使われます。

　つまり、英語では現在形は「普段やっている」ことを表し、現在進行形は「今やっている」ことを表すといった役割分担がなされているのです。そのため、冒頭の I teach English は「ちょうど今英語を教えている」という意味にはならず、「日ごろから英語を教えている」という意味になります。普段英語を教えているということなので、「私は英語の先生です」という意味になるわけです。

現在形が表す「普段やっている」というのは「繰り返しやっている」ということです。(3) の He always works at night であれば，彼は夜勤になってから現在まで夜勤を繰り返し行っていることになります。昨日も一昨日も夜勤だったわけです。「過去にやってるんだったら過去形にならないの？」と思うかもしれませんが，ポイントは「今も夜勤をやっている」ことです。つまり，「現在」も含まれるから現在形の works が使われているのです。もし，過去形を使って He always *worked* at night とすると，「昔はずっと夜勤だったけど，今は夜勤ではない」という意味になります。

　さらに，繰り返しやっていることというのは「これからもやることが決まっている」ことでもあります。事実，先ほどの He always works at night は彼の仕事のシフトが変わらない限り，明日も明後日も彼は夜勤なのです。「未来のことを表すなら will とか使わないの？」と思うかもしれませんが，ここでもポイントは「今も夜勤をやっている」ことです。つまり，「現在」も含まれるから現在形の works が使われているのです。もし，will を使って He *will* always *work* at night とすると「今後，彼はずっと夜勤になるかもよ」という意味になり，彼が現在夜勤かどうかはわかりません。

　このように，動詞の現在形は「普段やっている」ことを表すため，現在だけでなく，「これまでもやってたし，これからもやる」ことを表しています。このことを He always works at night の例を使って図で表すと，次のようになります。

(4)　

He always works at night

　(4) で現在から未来に向かって矢印が伸びていますよね。この部分を表すのが「現在形の未来用法」です。ポイントは「現在を含む未来」であることです。「現在を含む未来」というのは「こ

れから起こることが現在確定している」ということです。このことを踏まえて，冒頭のフライトの予定を表す例をみてください。

(5)　Our plane takes off at 7.
　　　（飛行機は 7 時に離陸します）

(5) のような言い方は旅行会社が団体旅行の予定を述べる際によく使われますが，よほどの事情がない限り変更の可能性がない予定を表しています。つまり，(5) は現時点での確定事項と捉えているため，現在形の takes が使われています。

　次に，英語のもう 1 つの時制である過去形についてみていきましょう。過去形の特徴は現在形とくらべるとよくわかります。

(6)　England *is* not what it was.《過去》
　　　（イングランドは昔と同じではない）

(6) は現在形の is と過去形の was が対照的に使われ，「今のイングランドは昔のイングランドではない」という意味になります。「昔のイングランドは現在とはまったく違うよ」ということです。このように，過去形は「現在から離れている」ことを表します。

　過去形は《現在》から離れていることを表しますが，この「現在」の部分を入れ替えることで，過去形は時間以外の意味にも使われます。1 つは，仮定法です。この場合，過去形は「《現実》から離れている」ことを表します。「現実とは違うよ」ということです。次の例をみてください。

(7)　If John came *tomorrow*, I'd be really happy.《仮定法》
　　　（ジョンが明日くるなら，本当にうれしい）

(7) の if 節では過去形の came が未来を表す tomorrow と使われていることから，came は過去のことを表していないことがわかります。(7) の If John came tomorrow は，「もしジョンが明日

くれば」という意味の仮定法であり，「実際にはジョンは明日こ
ないんだけどね」という含みがあります。このように，（7）の過
去形の came は《現実》から離れていることを表しています。

　さらに，過去形は丁寧さも表します。次の例をみてください。

　　（8）　｜Can / Could｜　you help me?《丁寧さ》
　　　　　（手伝ってくれますか？）

　（8）は「手伝ってほしい」という依頼を表していますが，現在
形の can よりも過去形の could を使うほうが丁寧な言い方になり
ます。このように過去形が丁寧さを表すのは，過去形が「《現場》
から離れている」ことを表すからです。現場とは話し手がいる場
所ですから，現場から離れるというのは話し手が相手と距離をと
るということになります。そのため，（8）で過去形の could を使
うと，一歩引いた態度でぐいぐい押しつけることなくお願いして
いることになります。「可能だったらでいいんだけど」という感
じになるため，丁寧な言い方になるのです。

　以上のことから，過去形の表す意味は次のようにまとめられま
す。

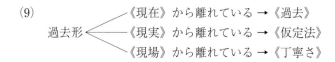

　このように，時制は実際の時間とズレがあったり，仮定や丁寧
さといった時間以外のことも表します。時制は時間そのものでは
なく，英語の母語話者の時間の捉え方をことばにしたものなので
す。

2.6 完了形の規則

> 次の文の lost と has lost にはどんな違いがあるのですか？
> Ryuji { lost / has lost } his money.

Ryuji lost his money も Ryuji has lost his money もともに「リュウジはお金を失くした」ことを表しています。では，過去形の lost と現在完了形の has lost は何が違うのでしょうか？ここでは，完了形（とくに現在完了形）についてみていきます。

完了形はその名の通り「完了した」ことを表しますが，「いつ完了したか」によって次の（1a）（1b）（1c）の3つのパターンがあります。

(1) a. 現在完了形

    Ryuji has lost his money.

    （リュウジはお金を失くした）

  b. 過去完了形

    When Yuki arrived there, Kodai had already gone home.

    （ユウキがそこに着いたとき，コウダイはすでに帰宅していた）

  c. 未来完了形

    This lake will probably have frozen by Christmas.

    （この湖はたぶんクリスマスまでには凍ってしまっているでしょう）

まず，（1a）の has lost は現在形の has が使われているので現在完了形です。現在完了形は「現在，すでに完了したよ」ということを表します。そのため，（1a）は「お金を失くした（has lost his money）」という意味になります。

次に，（1b）の had gone は過去形の had が使われているので

過去完了形です。過去完了形は「あのとき，すでに完了してた
よ」ということを表します。(1b) では when Yuki arrived there
が「あのとき」にあたります。そのため，(1b) は「ユウキがそ
こに着いたとき，すでに帰宅していた（had gone home）」とい
う意味になります。

　最後の (1c) の will have frozen は未来を表す will が使われて
いるので未来完了形です。未来完了形は「それまでには，すでに
完了してるでしょう」ということを表します。(1c) では by
Christmas が「それまでに」にあたります。そのため，(1c) は
「クリスマスまでには，すでに凍ってしまっているでしょう
（will have frozen）」という意味になります。

　(1) の3つの完了形でとくに問題となるのは現在完了形です。
というのも，現在完了形は「現在」より前に完了したことを表す
ため，過去形との違いがわかりづらいからです。たとえば，次の
(2a) と (2b) は何が違うのでしょうか？

> (2)　a. Ryuji lost his money.《過去形》
>
> 　　　b. Ryuji has lost his money.（＝(1a)）《現在完了形》

　(2a) と (2b) はともに「リュウジはお金を失くした」ことを
表していますが，(2a) と (2b) には決定的な違いがあります。
みなさんは，「お金を失くした」と聞いたら気になることがあり
ませんか？おそらく「それで，結局，お金は見つかったの？」と
思いますよね。そして，この問いに答えられるかどうかが (2a)
と (2b) の決定的な違いなのです。

　まず，(2a) の lost は「過去形」というくらいですから，過去
の出来事だけを表します。つまり，(2a) はリュウジがお金を失
くしたことだけ表していて，お金が見つかったのかどうかはわか
りません。これに対して，(2b) の現在完了形の has lost はリュ
ウジがお金を失くしたことだけでなく，その状況が今も続いてい
ることまで表します。つまり，(2b) の文を聞くと「まだお金は

見つかっていない」ことまでわかるのです。このように，現在完了形の has lost は「お金をなくした」というすでに完了したことだけでなく，その結果，「今もお金がない」という現在の結果まで表します。よって，（2b）の現在完了形は次のように表すことができます。

 （3） 完了したこと ＋ 現在の結果
   （お金をなくした） （今もお金がない）

（3）で示したように，現在のことまで表すから「現在」完了とよばれるのです。
 現在完了形が現在の結果まで表すのは，次の例からもよくわかります。

 （4） *John *has broken* the teapot, but now it is not broken.
   （ジョンはティーポットを壊したが，今は壊れていない）

（4）はおかしな文です。どこがおかしいのか，わかりますか？まず，（4）の最初の文では現在完了形の has broken the teapot が使われています。（3）で示したように，現在完了形は完了したことだけでなく現在の結果まで表します。そのため，現在完了形の has broken the teapot は，その結果「今もティーポットが壊れている」という現在の結果まで表しているのです。それなのに，
（4）では has broken the teapot の後に，now it（＝ the teapot）is not broken を続けているので意味的に矛盾してしまいます。そのため，（4）はおかしな文になります。
 このように，現在完了形は完了したこととともにその現在の結果まで表します。英文法書などで《完了・結果》の用法とよばれるものですね。（3）はこの《完了・結果》を表していますが，現在完了形はその他に《経験》と《継続》も表します。次の例をみてください。

（5）　a. He has been to Hawaii three times.《経験》

（彼は 3 回ハワイに行ったことがある）

b. I have lived here since I was born.《継続》

（生まれてからずっとここに住んでいる）

（5a）の現在完了形の has been to Hawaii は「ハワイに行ったことがある」という「経験」を表しています。この場合，「ハワイに行った」というすでに完了したことだけでなく，それが彼の「現在の経験」になっていることまで表しています。よって，（5a）の現在完了形は次のように表すことができます。

（6）　完了したこと ＋ 現在の経験
　　　（ハワイに行った）　（ハワイに行った経験がある）

一方，（5b）には since I was born があることから，現在完了形の have lived here は「ずっとここに住んでいる」という《継続》を表しています。この場合，「子どもの頃にここに住んだ」というすでに完了したことだけでなく，それからずっとここに住んでいるという「現在の状態」まで表しています。よって，（5b）の現在完了形は次のように表すことができます。

（7）　完了したこと ＋ 現在の状態
　　　（ここに住んだ）　（今も住み続けている）

もうお気づきだと思いますが，（5）の《経験》と《継続》も（3）の《完了・結果》と同じように表すことができます。（3）の「現在の結果」を「現在の経験」にすると（6）の《経験》の意味になり，（3）の「現在の結果」を「現在の状態」にすると（7）の《継続》の意味になります。よって，現在完了形は次のようにまとめることができます。

$$(8) \quad 完了したこと + \begin{cases} 現在の結果 《完了・結果》 \\ 現在の経験 《経験》 \\ 現在の状態 《継続》 \end{cases}$$

ただし，(8) のどの意味を表すかは文脈によります。次の会話の例をみてください。

(9)　John：Max has been fired ！（マックスが解雇された）
　　　Mary：So have I. Many times.（私もよ。何度もあるわ）

(9) の John がいった Max has been fired は「マックスが解雇されて，今仕事がなくなっている」という意味です。この場合，現在完了形の has been fired は「現在の結果」を表しているので《完了・結果》の意味で使われています。一方，次の Mary がいった So have I（= So have I been fired）は many times が後に続くことから「私も解雇されたことがある」という意味です。この場合，現在完了形の has been fired は「現在の経験」を表しているので《経験》の意味で使われています。つまり，同じ have (has) been fired という現在完了形が文脈によっては《完了・結果》の意味にも《経験》の意味にもなるのです。

このことからも，現在完了形は完了したことと現在とのつながりを表すものであることがわかります。そして，この「現在とのつながり」をどう解釈するかで (8) のどの意味になるかが決まるといえます。よって，現在完了形には次の規則があることになります。

　現在完了形は完了したことと現在とのつながりを表す。

すでに完了したことだけを表すなら過去形を使えばいいのです。でも，「それで，今はどうなの？」というところにまで関心があるなら，現在完了形の出番なのです。

2.7 進行形の規則

> 次の文は「バスが止まっている」という意味でよいですか？
> The bus is stopping.

　たとえば，He *is running* は「走っている」という意味になりますが，上記の The bus *is stopping* では「止まっている」という意味にはなりません。run の進行形は「run している」ことを表すのに，stop の進行形は「stop している」ことを表さないのです。なぜ，このような違いがあるのでしょうか？ここでは，動詞の意味という点から現在進行形についてみていきます。

　まず，run のように進行形にすると「やっている」という意味になる動詞を「run タイプの動詞」とよびましょう。run タイプの動詞には，次のようなものがあります。

(1)　《run タイプの動詞》
　　a. He *is writing* a letter.（手紙を書いている）
　　b. I'*m* just *looking*.（みているだけだ）
　　c. Someone *is kicking* the door!（ドアを蹴っている）

(1) の動詞はすべて進行形にすると「やっている」という意味になります。(1a) の is writing は「書いている」という意味であり，(1b) の am looking は「みている」という意味であり，(1c) の is kicking は「蹴っている」という意味です。では，このような run タイプの動詞の共通点は何でしょうか？

　それは，《動作》を表すということです。(1) の動詞を例にとると，write は「書く」という動作，look は「みる」という動作，kick は「蹴る」という動作を表しています。つまり，run タイプの動詞の正体は《動作》を表す動詞なのです。そして，(1) のような run タイプの動詞が進行形になると「やっている」という

意味になることから，次のことがいえます。

《動作》を表す動詞が進行形になると「やっている」という意味になる。

ポイントとなるのは，「《動作》を表す動詞が進行形になる」というところです。つまり，冒頭の He is running を例にとると，is running は「run の進行中」ではなく「run という《動作》の進行中」という意味になります。意外に思うかもしれませんが，is running の ing は run に直接ついているのではなく，run が表す《動作》という意味についているのです。図示すると，次のようになります。

(2)　run という《動作》＋ ing ＝走るという《動作の進行中》
　　　　　　　　《動作の進行中》

進行形の ing はその名の通り《進行中》であることを表します。そのため，(3) の「《動作》＋ ing」は「動作が進行中」という意味になります。さらに，(3) では《動作》の中身が run であることから「走るという《動作》が進行中」であることを表します。よって，He is running は「走っている」という意味になります。

なお，(1) の run タイプの動詞はすべて《動作》を表す動詞なので，(2) の run と同じように表すことができます。たとえば，(1a) の He is writing と (1b) の I'm just looking はそれぞれ (3a) と (3b) のようになります。

(3)　a. write という《動作》＋ ing ＝書くという《動作の進行中》
　　　b. look という《動作》＋ ing ＝見るという《動作の進行中》

(2) および (3a) と (3b) は，すべて「《動作》＋ ing」を共通してもつため，「やっている」という動作の進行中を表します。そして，run や write や look が具体的にどんな《動作》なのかを表すことで，それぞれ「走っている」，「書いている」，「みてい

る」という意味になります。

　次に，stop の進行形についてみていきましょう。冒頭でみたように，stop は進行形にしても「止まっている」にはなりません。このように進行形にしても「やっている」という意味にならない動詞を「stop タイプの動詞」とよびましょう。stop タイプの動詞には，次のようなものがあります。

　　(4)　《stop タイプの動詞》
　　　　a. He *is dying*.（死にかけている）
　　　　b. The train *is arriving*.（到着しかけている）
　　　　c. They *are becoming* popular in Japan.（人気が出てきている）

　(4) の動詞はすべて進行形にしても「やっている」という意味にはなりません。たとえば，(4a) の is dying は「死んでいる」ではなく「死にかけている」という意味です。die（死ぬ）を進行形にしても「die している」ことになりません。同様に，(4b) の is arriving も「到着しかけている」という意味であって「到着している」という意味ではありません。また，(4c) の are becoming も「なりかけている」という意味であって「なっている」という意味ではありません。では，このような stop タイプの動詞の共通点は何でしょうか？

　それは，《変化》を表すということです。たとえば，(4a) の die は「生きている状態から死んだ状態になる」ことを表し，(4b) の arrive は「まだ到着していない状態から到着した状態になる」ことを表しています。また，(4c) の become は「〜になる」という変化そのものを表しています。つまり，stop タイプの動詞の正体は《変化》を表す動詞なのです。そして，(4) のような stop タイプの動詞が進行形になると，(4) の訳にあるように「なりかけている」という意味になることから，次のことがいえます。

《変化》を表す動詞が進行形になると「なりかけている」という意味になる。

　ここでポイントとなるのは，「《変化》を表す動詞が進行形になる」というところです。冒頭の The bus is stopping を例にとると，is stopping は「stop の進行中」ではなく「stop という《変化》の進行中」という意味になります。つまり，is stopping の ing は stop に直接ついているのではなく，stop が表す《変化》という意味についているのです。図示すると，次のようになります。

　　(5)　stop という <u>《変化》+ ing</u> ＝止まるという《変化の進行中》
　　　　　　　　　　　《変化の進行中》

進行形の ing は「進行中」であることを表すため，(5) の「《変化》+ ing」は「変化が進行中」という意味になります。さらに，(5) では《変化》の中身が stop であることから「止まるという《変化》が進行中」であることを表します。よって，The bus is stopping は「バスが止まりかけている」という意味になります。これを「バスが止まっている」としたら変化が終わっていることになり，(5) の図に合いませんよね。

　なお，(4) の stop タイプの動詞はすべて《変化》を表す動詞なので，(5) の stop と同じように表すことができます。たとえば，(5a) の He is dying と (5b) の The train is arriving はそれぞれ (6a) と (6b) のようになります。

　　(6)　a. die という《変化》+ ing ＝死ぬという《変化の進行中》
　　　　　b. arrive という《変化》+ ing ＝着くという《変化の進行中》

　(5) および (6a) と (6b) は，すべて「《変化》+ ing」を共通してもつため，「変わりかけている」という変化の進行中を表します。そして，stop や die や arrive が具体的にどんな《変化》なのかを表すことで，それぞれ「止まりかけている」，「死にかけて

いる」,「到着しかけている」という意味になります。

　以上のことから，進行形には次の規則があることになります。

　　《動作》と《変化》を表す動詞が進行形になる。

このことを踏まえて，次の例をみてください。

(7)　a. *He *is resembling* his father.（父親に似ている）
　　　b. Tina is resembling her sister *more and more*.
　　　　（だんだん似てきている）

まず，(7a) の resemble は「似ている」という《状態》を表します。《動作》でも《変化》でもないわけです。よって，進行形の規則から (7a) の「状態」を表す resemble は進行形にできません。状態を表す場合は現在形が使われます。

(8)　He *resembles* his father.（cf. (7a)）（彼は父親に似ている）

　一方，(7b) では more and more があることから，resemble を「（だんだん）似てきている」という《変化》の意味で使っています。よって，この場合は進行形になります。つまり，(7b) の resemble の進行形は (5) の stop の進行形と同じように表すことができるのです。

(9)　resemble という《変化》+ ing＝似るという《変化の進行中》

(7) のように，同じ resemble でも進行形になったりならなかったりするということは，進行形の ing は resemble に直接つくのではなく，resemble が表す《変化》という意味につくことがわかります。

2.8 否定の規則

次の文には意味が4つあるのは本当ですか？
Your children don't hate school.

He is a student は「彼は学生だ」ですが、He is not a student にすると「彼は学生ではない」という否定文になります。このように、not を加えると否定文になります。とてもシンプルですね。でも、否定文の解釈は一筋縄ではいきません。たとえば、Your children don't hate school という否定文には意味が4つもあります。ここでは、否定文の意味について詳しくみていきましょう。

まず、次の否定文をみてください。

(1)　a. Don't speak aloud.（大声で話すな）
　　　b. Don't speak aloud here.（ここで大声で話すな）

(1a) は命令文の Speak aloud を Don't で否定しているため、「大声で話すな」という意味になります。(1b) も命令文の Speak aloud here を Don't で否定しているため、「ここで大声で話すな」という意味になります。この (1a) と (1b) の否定の命令文には共通点があります。それは、Don't speak とはいってないということです。(1a) の Don't speak aloud は「大声で話すな」といっているだけなので、大声でなければ話していいことになります。同じく、(1b) の Don't speak aloud here は「ここで大声で話すな」といっているだけなので、他の場所ならたとえ大声でも話していいことになります。

なぜ、(1a) と (1b) には Don't speak が使われているのに not が speak を否定しないのでしょうか？それは、not は必ずしも文中にあるものすべてを否定するわけではないからです。(1a) では、Don't は aloud をピンポイントで否定しているので「話して

いいけど，大声はダメ」という意味になります。一方，（1b）では，Don't は here をピンポイントで否定しているので「大声で話していいけど，ここではダメ」という意味になります。図で示すと次のようになります。

(2)　a. Don't speak aloud.（＝(1a)）
　　　　　　　　　　　　［not aloud（大声はダメ）］
　　　b. Don't speak aloud here.（＝(1b)）
　　　　　　　　　　　　　　　［not here（ここではダメ）］

　（2a）では，not は speak を否定せず aloud だけをピンポイントに否定しています。一方，（2b）では not は speak aloud を否定せず here だけをピンポイントに否定しています。このように，not は否定するターゲットをピンポイントで狙い撃ちすることのほうが多いのです。

　言い換えれば，否定文では not や no が何を狙い撃ちしているのかを見極めないと意味を取り損ねてしまうことになります。たとえば，次の文は no が何を否定しているかによって意味が真逆になります。

(3)　He showed me no small kindness.
　　（ⅰ）彼は私に**大変親切にしてくれた**
　　（ⅱ）彼は私に**まったく親切にしてくれなかった**

　（3）の下線部は，no が何を否定しているかによって（ⅰ）の意味にも（ⅱ）の意味にもなります。まず，（ⅰ）の「大変親切にしてくれた」という意味からみていきましょう。この場合，no が small をピンポイントに否定しています。図で示すと次のようになります。

(4)　no small kindness（（3）の（ⅰ）の意味）
　　　　　　　　　　　［no small（小さくない）］

（4）は no が small を否定しているため，no small kindness は「小さくない親切」という意味になります。この場合，（3）の showed me no small kindness は「小さくない親切を示した」という意味になることから，「大変親切にしてくれた」という（ⅰ）の意味が出ます。

　一方，（ⅱ）の「まったく親切にしてくれなかった」という意味の場合は，no が kindness をピンポイントに否定しています。図で示すと次のようになります。

（5）　no small kindness （（3）の（ⅱ）の意味）
　　　　　　　　　　　　［no kindness（親切がない）］

（5）は no が kindness を否定しているため，「親切がない」という意味になります。この場合，（3）の showed me no small kindness は「どんな小さな親切も示さなかった」という意味になることから，「まったく親切にしてくれなかった」という（ⅱ）の意味が出ます。なお，（3）は通常（ⅰ）の「大変親切にしてくれた」という意味で使われます。

　このように，not や no が何を否定しているかによって真逆の意味になることもあります。そのため，会話では意図した情報を正しく伝えるために，not や no が否定している語が強く読まれます。たとえば，先ほどの（1a）と（1b）はそれぞれ次の（6a）と（6b）のように発音されます（以降は強く読む語を大文字で表示）。

（6）　a. Don't speak ALOUD.（＝（1a））
　　　　b. Don't speak aloud HERE.（＝（1b））

（6a）では，aloud が強く読まれることで，aloud が not にピンポイントに否定されていることがわかります。一方，（6b）では here が強く読まれることで，here が not にピンポイントに否定

されていることがわかります。

　もう1つ例をみておきましょう。たとえば，Your children don't hate school という文はどこを強く読むかで次の4つの意味が可能です。

(7)　　a. YOUR children don't hate school.［Your を否定］
　　　　　　（学校を嫌っているのはあなたの子ではない（他の子だ））

　　　　b. Your CHILDREN don't hate school.［children を否定］
　　　　　　（学校を嫌っているのはあなたの子ではない（あなたの親戚などだ））

　　　　c. Your children don't HATE school.［hate を否定］
　　　　　　（あなたの子は学校を嫌ってはいない（むしろ）好きだ）

　　　　d. Your children don't hate SCHOOL.［school を否定］
　　　　　　（あなたの子が嫌っているのは学校ではない（教師などだ））

このように，強く読まれることで否定されるところが変わるため，文の意味も変わってきます。言い換えれば，否定文の解釈を明確にするために，not が否定するターゲットを強く読むのです。

　最後に，not が or や and と使われる例をみておきましょう。次の文はどういう意味かわかりますか？

(8)　　Don't eat *or* read.

A or B は「A か B のどちらか」という意味なので，(8) は「食事か読書のどちらかをしてはいけない」という意味になると思いますよね。でも，(8) は「食事も読書もしてはいけない」という意味になります。このように，not が A or B と使われると A と B の両方を否定します。

　では，「食事か読書のどちらかをしてはいけない」は英語でどういえばいいのでしょうか？意外に思うかもしれませんが，次のように and を使います。

（9）　Don't eat *and* read（at the same time）.

（9）は親が子どもにいうような文で，「食事中に本を読むのはやめなさい」ということです。「食事をするか読書にするかどちらかにしなさい」ということですね。このように，not が A and B と使われると A と B のどちらか一方を否定します。

　以上のことをまとめると，肯定文と否定文における and と or の違いは次のようになります。

（10）		肯定文	否定文
	or	どちらか一方が OK	両方ダメ
	and	両方 OK	どちらか一方がダメ

or は肯定文では「どちらか一方」ですが，not で否定されると「両方ダメ」になります。

（11）a. You can eat cake *or* ice cream.［肯定］
　　　　（**ケーキかアイスのどちらか**を食べていいですよ）
　　　b. Don't eat *or* read.（＝(8)）［否定］
　　　　（**食事も読書も**してはいけない）

これに対して，and は肯定文では「両方」ですが，not で否定されると「どちらか一方がダメ」になります。

（12）a. He plays squash *and* rugby.［肯定］
　　　　（彼は**スカッシュとラグビー**をやります）
　　　b. Don't eat *and* read.（＝(9)）［否定］
　　　　（**食事か読書かどちらか**にしなさい）

and と or の解釈に関しては，肯定と否定でまさに逆転現象が起こるのです。

　このように，否定文を正確に解釈するには，not や no が何を否定のターゲットにしているかをおさえることが重要になります。

2.9 形容詞と副詞の規則

> the visible stars と the stars visible のどちらもいいと
> 聞きましたが、意味は同じなのですか?

　英語では，a tall man のように形容詞の tall が名詞の man の前
にきます。でも，形容詞が名詞の後ろにこないわけではありませ
ん。たとえば，形容詞の visible が名詞の star の後ろにくる the
stars visible という言い方が可能です。どういうときに形容詞が
名詞の後ろにくるのでしょうか?また，副詞は文頭にも文中にも
文末にも置かれます。副詞はどこに置いてもいいのでしょうか?
ここでは，形容詞と副詞の位置と意味の関係についてみていきま
す。
　まず，形容詞からみていきましょう。次の例をみてください。

　(1)　a.　a tall man ［**形容詞** + 名詞］
　　　 b. *a man tall ［名詞 + **形容詞**］

(1a) のように形容詞の tall が名詞の man の前にくる a tall man
はいいですが，(1b) のように tall が man の後ろにくる a man
tall はダメです。このように，原則として形容詞は名詞の前にき
ます。このことを踏まえて，次の例をみてください。

　(2)　a. the visible stars ［**形容詞** + 名詞］
　　　 b. the stars visible ［名詞 + **形容詞**］

(2) の 2 つの例はともに形容詞の visible が使われていますが，
この場合は (2b) のように visible が名詞の star の後ろにくる
the stars visible という言い方が可能です。形容詞は名詞の前にく
るのが原則なのに，なぜ (2b) はいいのでしょうか?
　その答えは (2a) と (2b) の意味の違いにあります。まず，次

の例をみてください。

(3) The stars are visible.
　　ⅰ．その星は肉眼でみえる
　　ⅱ．その星はたまたまみえている

（3）には，ⅰの「肉眼でみえる」という意味とⅱの「（今日は）たまたまみえている」という意味の2つがあります。そして，この（3）の2つの意味と先ほどの（2a）と（2b）は次のように対応しています。

　the visible stars ＝肉眼でみえる星　［（3ⅰ）の意味］
　the stars visible ＝たまたまみえている星　［（3ⅱ）の意味］

このように，（2a）の the visible stars は「肉眼でみえる星」という（3ⅰ）の意味になり，（2b）の the stars visible は「たまたまみえている星」という（3ⅱ）の意味になります。つまり，形容詞が名詞の後ろにあると「一時的な状態」を表します。

　他の例もみてみましょう。

(4) a. the navigable rivers
　　　（航行できる川）［**形容詞＋名詞**］
　　b. the rivers navigable
　　　（**一時的**に航行できる川）［名詞＋**形容詞**］

（4a）のように形容詞の navigable が名詞の river の前にくる the navigable rivers は「航行できる川」という意味になります。船が走れる川ということですね。一方，（4b）のように navigable が river の後ろにくる the rivers navigable は「（いつもは通れないが）一時的に航行できるようになっている川」という意味になります。よって，次のような規則があることになります。

形容詞が名詞の後ろに置かれると一時的な状態を表す。

　先ほど述べたように，英語では形容詞が名詞の前にくるのが原則です。(1b) の a man tall がダメなのはその原則を守ってないからです。まずは，それが大前提です。その上で，この規則は名詞の後ろに置くことができる形容詞は一時的な状態を表すといっているわけです。「一時的な状態を表すなら名詞の後ろでもいいぞ」ということです。言い換えれば，名詞の前に置かれる形容詞は一時的な状態を表さないことになります。

　では，名詞の前に置かれる形容詞は何を表しているのでしょうか？それは，「名詞がどんなものか」を表しています。「名詞の分類」をしているのです。たとえば，(2a) の the visible stars なら，「肉眼でみえる星とみえない星があるけど，みえるほうの星ね」ということを表しています。「いつもみえる星」ではないことに注意してください。というのも，曇っていてみえなくても the visible stars というからです。あくまで「肉眼でみえる星」に分類されるということです。同様に，(4a) の the navigable rivers も「航行できる川とできない川があるけど，航行できるほうの川ね」ということを表しています。この場合も「航行できる川」に分類していることになります。よって，次のような規則があることになります。

名詞を分類する場合は，形容詞を名詞の前に置く。

　形容詞を使うというのは基本的に名詞を分類していることになります。そして，名詞を分類しない場合に限り，形容詞が名詞の後ろに置かれるのです。

　次に，副詞についてみていきましょう。副詞の happily には「幸いなことに」という意味と「楽しく」という意味の2つがあ

りますが，文の中で置かれる位置によってどちらの意味になるか
が決まります。次の（5）と（6）をみてください。

(5) Happily, they watched TV until dinner.［文頭］
（**幸いなことに**，彼らは夕食までテレビをみていた）

(6) a. They watched TV happily until dinner.［動詞句の後ろ］
b. They watched TV until dinner happily.［文末］
（彼らは夕食まで**楽しく**テレビをみていた）

まず，（5）のように happily が文頭に置かれると「幸いなこと
に」という話し手の気持ちを表す意味になります。そのため，
（5）は「幸いなことに，彼らは夕食までテレビをみていた」と
いう意味になります。このように，話し手の気持ちを表す副詞は
基本的に文頭に置かれます。このような副詞には certainly（きっ
と）や fortunately（幸運なことに）などがあります。

一方，happily が（6a）のように動詞句の watched TV の後ろや
（6b）のように文末に置かれると「楽しく」という動作の様態
を表す意味になります。そのため，（6a）と（6b）はいずれも
「彼らは夕食まで楽しくテレビをみていた」という意味になりま
す。このように，動作の様態を表す副詞は基本的に動詞句の後ろ
や文末に置かれます。このような副詞には carefully（慎重に）や
quietly（静かに）などがあります。

このように，副詞は文の中で置かれる位置によって意味が異な
ります。では，次の文はどういう意味になるでしょうか？

(7) They happily watched TV until dinner.［主語と動詞の間］

正解は「（5）と（6）の2つの意味をもつ」です。つまり，
happily が主語（they）と動詞（watch）の間に置かれると，「幸
いなことに」という意味と「楽しく」という意味の両方を表しま
す。主語と動詞の間には，話し手の気持ちを表す副詞も動作の様
態を表す副詞もこられるということです。

なぜ，主語と動詞の間には意味が異なる2つのタイプの副詞がともにこられるのでしょうか？それは，この位置がまさに副詞の「定位置」だからです。その証拠に，否定を表す not も時を表す usually（たいてい）のような副詞も主語と動詞の間に置かれます。

(8)　a. *He* can not *play* the piano.（彼はピアノを弾けない）
　　　b. *We* usually *go* for a walk on Sundays.
　　　（たいてい日曜日に散歩する）

以上のことをまとめると，次のようになります。

(9)　副詞［話し手の気持ち］
　　　｜
　　　文頭　主語　**副詞の定位置**　動詞　動詞句の後ろ…文末
　　　　　　　　　　　　　　　　　　　　　　　　副詞［動作の様態］

このように，主語と動詞の間は副詞の定位置であるためいろいろな意味の副詞がきます。そのため，happily のように2つの意味をもつ副詞がここにくると，どちらの意味になるかは曖昧になります。意味を明確にしたい場合は，意味に応じて文頭や文末などに置かれます。なお，happily のように2つの意味がある副詞には，次のようなものがあります。

frankly　 ―（ⅰ）率直にいうと［話し手の気持ち］
　　　　　　（ⅱ）率直に［動作の様態］
strangely ―（ⅰ）不思議なことに［話し手の気持ち］
　　　　　　（ⅱ）変な風に［動作の様態］

　形容詞と副詞は置く位置によって意味が変わるので注意が必要です。

第3章
語の規則にまつわる疑問

— 形態論 —

student film society は発音しなきゃ，意味がわからないよ。

モリス・ハレ（生成音韻論を提唱）

3.1 複合語の規則

> student film society には２つの意味があるって，本当で
> すか？

student と film と society を組み合わせると student film society
という複合語ができます。この student film society には「学生制
作映画の協会」と「学生主催の映画協会」という２つの意味があ
ります。なぜ，このような２つの意味があるのでしょうか？ここ
では，複合語についてみていきます。

　複合語は２つ以上の語が組み合わさって１つの語になるもので，
英語には多くの複合語があります。いくつか例をみてみましょう。

(1)　a. football（フットボール）[foot（足）＋ ball（ボール）]
　　　b. ladybird（テントウムシ）[lady（女性）＋ bird（鳥）]
　　　c. watermelon（スイカ）[water（水）＋ melon（メロン）]

これらの語は１語として綴られていますが，複合語の綴り方には
他にも２つあります。１つは語を分けるもの（例：acid rain）で，
もう１つはハイフンでつなぐもの（例：tax-free）です。複合語
の中にはこの３通りの綴り方で書かれるものもあります（例：
flowerpot ／ flower pot ／ flower-pot）。一方，「オンライン授業」
などで使われる「オンライン」は，インターネットが普及し始め
た頃はハイフンを入れて on-line と綴られていましたが，現在で
はハイフンなしの online と綴られています。社会的に広く認知
されるようになると，１語として綴られる傾向があるといえます。

　複合語には３つの大きな特徴があります。以下，１つずつみて
いきましょう。

①特殊な意味を表す

　たとえば，(1c) の watermelon という複合語は water と melon が組み合わさってできたものですが，2 つの語からは推測できない「スイカ」という意味を表します。さらに，次の複合語の例をみてください。

(2)　a. a greenhouse（温室）(cf. a *green* house（緑の家）)
　　　b. a blackboard（黒板）(cf. a *black* board（黒い板）)

まず，(2a) の greenhouse は「緑の家」ではなく，野菜や果物を育てるための「ビニールハウス」を表します。そのため，greenhouse は緑色である必要はなく，透明であってもかまいません。また，(2b) の blackboard は「黒い板」ではなく，「黒板」を表します。そのため，黒色である必要はなく，実際の黒板も緑色に近い色をしています。このように，複合語は 2 つの語の意味を足しただけではない特殊な意味を表します。

②2 つの語の結びつきが強い

　上述したように，複合語は 2 つの語が組み合わさって 1 つの語になっているため，両者の結びつきが強く，切っても切れない関係にあります。次の対比をみてください。

(3)　a. an *unusually bright* green house（異様に明るい緑色の家）
　　　b. an *unusually bright* greenhouse.（異様に明るい温室）
(4)　a. a *darker* room（より暗い部屋）
　　　b. *a *darkerroom*（cf. a darkroom（暗室））

まず，(3a) の a green house は，形容詞の green を unusually bright（異様に明るい）で修飾して「異様に明るい緑色の家」という意味を表すことができます。これに対して，(3b) の複合語の greenhouse は unusually bright が green の部分だけを修飾することはできず，複合語全体を修飾する「異様に明るい温室」と

いう意味だけ可能です。

また，（4a）の a *darker* room のように，形容詞の dark は darker という比較級にすることができますが，（4b）の複合語の darkroom の場合は「より暗い暗室」という意味を表すために dark の部分だけを比較級にして *darker*room とすることはできません。このように，複合語は 2 つの語からできていますが，2 つの語の結びつきが強いことから全体で 1 つの語になっていることがわかります。

③語を繰り返し組み合わせることができる

次の例をみてください。

（5）　a. coffee-maker（コーヒーメーカー）
　　　b. coffee-maker maker（コーヒーメーカーの製造業者）

（5a）では coffee と maker がハイフンで組み合わされて coffee-maker という複合語になっています。上の②でみたように，複合語は 2 つの語の結びつきが強いため，coffee-maker は 1 つの語になっています。そのため，（5a）の coffee-maker をさらに maker と組み合わせることで，（5b）の coffee-maker maker というより長い複合語ができます。

このように，繰り返し語を組み合わせる場合，注意すべきことがあります。それは，組み合わせ方によって意味が異なる場合があるということです。たとえば，冒頭の student film society には次の 2 つの組み合わせが可能です。

（6）　a.　　　　　　　　　　b.

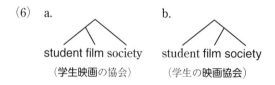

student film society　　student film society
（学生映画の協会）　　　（学生の映画協会）

（6a）のように，まず student film という複合語をつくり，その

複合語を society と組み合わせると「学生映画の協会」という意味になります。一方、(6b) のように，まず film society という複合語をつくり，その複合語を student と組み合わせると「学生の映画協会」という意味になります。

　なお，組み合わせによって意味が変わることは文にもみられます。たとえば，He saw a man with a telescope には次の 2 つの組み合わせが可能です。

(7)　a.　　　　　　　　　　　　　b.

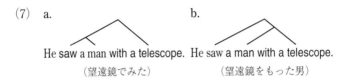

He saw a man with a telescope.　He saw a man with a telescope.
　　（望遠鏡でみた）　　　　　　　　（望遠鏡をもった男）

　(7) に示しているように，with a telescope がどこと関係するかで意味が違ってきます。具体的には，with a telescope が (7a) のように saw と関係するなら saw with a telescope（望遠鏡でみた）になりますが，(7b) のように a man と関係するなら a man with a telescope（望遠鏡をもった男）になります。このように，複合語と文は「組み合わせによって意味が変わる」という点で同じように捉えることができます。

　最後に，複合語の音の特徴をみておきましょう。複合語では，最初の語が強く読まれます。次の対比をみてください（以降は強く読む語を大文字で表示）。

(8)　a. *black* BOARD（黒い板）[名詞句（形容詞＋名詞）]
　　　b. BLACKboard（黒板）[複合語]
(9)　a. *dark* ROOM（暗い部屋）[名詞句]
　　　b. DARKroom（暗室）[複合語]

　(8a) や (9a) の名詞句（形容詞＋名詞）の場合は，black BOARD や dark ROOM のように，名詞の board や room が強く読まれます。一方，(8b) や (9b) の複合語の場合は，最初にく

る *black* や *dark* が強く読まれます（4.3 参照）。

このような発音上の違いがあるため，語を分けて綴られる複合語も話しことばでは区別がしやすくなります。次の例をみてください。

（10）a. an English TEACHER（イギリス人の教師）［名詞句］
    b. an ENGLISH teacher（英語教師）［複合語］
（11）a. a woman DOCTOR（女医）［名詞句］
    b. a WOMAN doctor（婦人科医）［複合語］

まず，（10）の English teacher は名詞句の場合も複合語の場合も分けて書くため，書きことばでは名詞句なのか複合語なのか区別できません。しかし，teacher が強く読まれると（10a）の「イギリス人の先生」という**名詞句**になり，English が強く読まれると（10b）の「英語教師」という**複合語**になるため，話しことばでは区別できます。ちなみに（10b）の複合語では English が国籍を表さないため，形容詞の Japanese をつけて *Japanese* ENGLISH teacher（日本人の英語教師）といえますが，（10a）の名詞句の場合，*Japanese* English TEACHER というと「日本人でありながらイギリス人の先生」という変な意味になってしまいます。

同様に，（11）の woman doctor も分けて書くため，書きことばでは名詞句なのか複合語なのか区別できませんが，doctor が強く読まれると（11a）の「女性の医者」という名詞句になり，woman が強く読まれると（11b）の「婦人科の医者」という複合語になるため，話しことばでは区別できます。なお，（11b）の複合語の場合は woman が性別を表さないため，形容詞の male をつけて *male* WOMAN doctor（男性の婦人科医）といえますが，（11a）の名詞句の場合，*male* woman DOCTOR というと「男性でありながら女性の医者」という変な意味になってしまいます。

3.2 右側主要部の規則

housework と workhouse はともに house と work を組み合わせたものですが意味が違います。housework は「家事」ですが，workhouse は犯罪を犯した人を更生させる「矯正院」のことです。つまり，housework は家でする「仕事」を表し，workhouse は犯罪者を更生させる「家」を表します。このことから，2つの語を組み合わせた場合，「右側（＝後ろ）にある語の意味が中心になる」ことがわかります。以下では，この点について詳しくみていきましょう。

2つ（以上）の語が組み合わさって1つの語になったものを複合語といいますが，複合語は語を繰り返し組み合わせることができます（3.1 参照）。

(1) a. bathroom（浴室）［bath（入浴）＋ room（部屋）］
b. towel rack（タオル掛け）［towel（タオル）＋ rack（ラック）］
c. bathroom towel rack（浴室のタオル掛け）［(1a) ＋ (1b)］
d. bathroom towel rack designer（浴室のタオル掛けデザイナー）［(1c) ＋ designer（デザイナー）］
e. bathroom towel rack designer training（浴室のタオル掛けデザイナーの養成）［(1d) ＋ training（養成）］

複合語は2つの語が組み合わさってできていますが，複合語自体は1つの語であるため，複合語どうしをさらに組み合わせることができます。事実，(1c) の bathroom towel rack は，(1a) の複合語の bathroom と (1b) の複合語の towel rack が組み合わさってできています。

このように，語を繰り返し組み合わせることができるため，

（1e）の bathroom towel rack designer training のような長い複合語も可能になります。ただし，どんなに長くなっても「意味の中心となるのは一番右側（＝一番最後）の語」になります。事実，（1d）の bathroom towel rack designer は浴室のタオル掛けの「デザイナー」のことですが，（1e）の bathroom towel rack designer training は浴室のタオル掛けデザイナーの「養成」のことです。これをさらに長くして bathroom towel rack designer training program とすると浴室のタオル掛けデザイナーを養成する「計画」になり，さらに bathroom towel rack designer training program committee とすると浴室のタオル掛けデザイナー養成計画の「委員会」になります。

　このように「一番右側の語の意味が複合語の意味の中心になる」ことは，語の順番をひっくり返せる複合語の例をみてみるとよくわかります。次の例をみてください。

（2）　a. house dog （飼い犬）　≠　dog house （犬小屋）
　　　b. piano player　　　≠　player piano
　　　　（ピアノ演奏家）　　（自動ピアノ）
　　　c. sugar maple　　　≠　maple sugar
　　　　（サトウカエデ）　（メープルシュガー）

まず，（2a）の house dog は家で飼っている「犬」のことですが，語の順番を入れ替えた dog house は犬の「小屋」になります。つまり，順番を入れ替えると，右側にくる語の意味に変わることがわかります。同様に，（2b）の piano player はピアノの「演奏家」のことですが，player piano は自動で演奏する「ピアノ」になります。また，（2c）の sugar maple はサトウカエデという「カエデの木」ですが，maple sugar はカエデの樹液からつくられる「砂糖」になります。この（2c）の場合，sugar maple は木のことなので数えられる可算名詞ですが，maple sugar は物質の砂糖のことなので数えられない不可算名詞になります。

ここまでは，名詞と名詞が組み合わさってできる複合名詞の例をみてきましたが，品詞が異なる語が組み合わさってできる複合語の場合は，右側の語の品詞が複合語全体の品詞になります。次の例をみてください。

(3)　a. darkroom（暗室）
　　　　複合名詞：dark（暗い［形容詞］）+ room（部屋［**名詞**］）
　　　b. taxfree（免税の）
　　　　複合形容詞：tax（税［名詞］）+ free（〜がない［**形容詞**］）
　　　c. brainwash（洗脳する）
　　　　複合動詞：brain（脳［名詞］）+ wash（洗う［**動詞**］）

　(3a) の darkroom は，形容詞の dark と名詞の room が組み合わさってできた複合語ですが，複合語の品詞は名詞です。このことから，右側にある名詞の room が複合語の品詞を決めていることがわかります。同様に，(3b) の taxfree は，名詞の tax と形容詞の free が組み合わさってできた複合語ですが，複合語の品詞は形容詞になります。右側にあるのが形容詞の free だからです。また，(3c) の brainwash は，名詞の brain と動詞の wash が組み合わさってできた複合語ですが，複合語の品詞は動詞になります。右側にあるのが動詞の wash だからです。

　さらに，次の対比をみてください。

(4)　a. houseboat（屋形船）
　　　　複合名詞：house + boat（船［**名詞**］）
　　　b. housebound（ひきこもりの）
　　　　複合形容詞：house + bound（拘束された［**形容詞**］）
　　　c. houseclean（大掃除する）
　　　　複合動詞：house + clean（掃除する［**動詞**］）

　(4) の複合語はどれも house に違う語が組み合わさっていますが，右側の語の品詞が複合語全体の品詞になっています。(4a)

の houseboat は右側の語が名詞の boat なので名詞ですが，（4b）の housebound は右側の語が形容詞の bound なので形容詞であり，（4c）の houseclean は右側の語が動詞の clean なので動詞です。

　以上のように，複合語においては一番右側の語が複合語の意味と品詞を決める中心の語（＝主要部）になります。これを言語学では「右側主要部の法則」とよんでいます。

右側主要部の法則：右側の語が複合語の意味と品詞を決める。

　この右側主要部の法則は英語だけでなく，日本語の複合語にもあてはまります。

（5）　一番右側の語が複合語の意味の中心となる（cf.（1））
　　　a. 地方公務員制度調査**研究**
　　　b. 地方公務員制度調査研究**報告**

（6）　複合語の語の順番を変えると意味が異なる（cf.（2））
　　　a. コロッケ**カレー** ≠ カレー**コロッケ**
　　　b. 通学**バス** ≠ バス**通学**

（7）　右側の語の品詞が複合語の品詞になる（cf.（3），（4））
　　　a. 目**薬** ［**複合名詞**：目 ＋ 薬 ［**名詞**]]
　　　b. 目**新しい** ［**複合形容詞**：目 ＋ 新しい ［**形容詞**]]
　　　c. 目**覚める** ［**複合動詞**：目 ＋ 覚める ［**動詞**]]

まず，日本語でも（5）のような長い複合語をつくることができますが，この場合も意味の中心となるのは一番右側の語になります。事実，（5a）は地方公務員制度を調査した「研究」のことですが，（5b）はその研究の「報告」になります。また，複合語の語の順番を変えると意味が異なります。たとえば，（6a）の「コロッケカレー」はコロッケがのっている「カレー」ですが，「カレーコロッケ」はカレー味の「コロッケ」です。また，（6b）の

「通学バス」は通学用の「バス」のことですが，「バス通学」は
バスで「通学」することです。さらに，日本語でも右側の語の品
詞が複合語の品詞になります。たとえば，(7) の複合語はどれも
「目」に違う語が組み合わさっていますが，右側の語の品詞が複
合語の品詞になっています。(7a) の「目薬」は右側の語が名詞
の「薬」なので名詞ですが，(7b) の「目新しい」は右側の語が
形容詞の「新しい」なので形容詞であり，(7c) の「目覚める」
は右側の語が動詞の「覚める」なので動詞です。

　右側主要部の法則は，英語や日本語だけでなく，ドイツ語やオ
ランダ語や韓国語など多くの言語にあてはまります。ただし，ラ
テン語を起源とするイタリア語やフランス語などでは一番左側の
語が複合語の主要部になります。たとえば，アメリカの大統領官
邸である White *House* は，イタリア語では *Casa* Bianca であり，
主要部の Casa（= House）が左側にきています。このように複
合語の主要部が左側にくる言語の特徴は，形容詞が名詞の後ろに
くることです。たとえば，英語では *blue* book のように形容詞の
blue は名詞の book の前にきますが，フランス語では livre *bleu*
のように形容詞の bleu（= blue）が名詞の livre（= book）の後
ろにきます。そのため，英語とフランス語では頭文字だけをつな
いだ略称の順番が異なります。たとえば，「非政府組織」は英語
では NGO ですが，フランス語では ONG です。

(8)　NGO（英語：Non-Governmental Organization）
　　　ONG（フランス語：Organization Non-Gouvernementale）

他にも，遺伝子の本体である「デオキシリボ核酸」は英語では
DNA（Deoxyribo Nucleic Acid）ですがフランス語では ADN
（Acide Désoxyribo Nucléique）となり，「エイズ」も英語では
AIDS（Acquired Immune Deficiency Syndrome）ですがフランス
語では SIDA（Syndrome d'Immuno Déficience Acquise）となり
ます。

3.3 名詞からできた動詞の規則

次の文はどんな意味ですか?
Google it.

　英語の大きな特徴は，単語が形を変えないで名詞にも動詞にもなれることです。辞書を引くとわかりますが，名詞と動詞の両方で使われる単語がたくさんあります。たとえば，book には「本」という名詞の意味と「予約する」という動詞の意味があります。さらに，Google のような固有名詞まで動詞になります。Google it は「グーグルで調べろ」という意味です。インフォーマルにいうと「ググれ」ということですね。ここでは，名詞からできた動詞に焦点を当て，その仕組みについてみていきます。

　SNS の広がりにより，新しい表現が次々と生まれています。次の例をみてください。

(1)　a. I don't want to friend someone I haven't met in real life.
　　　　（実生活で知らない人を友達登録したくない）

　　　b. I'm shocked that Mary defriended me.
　　　　（メアリーに友達リストから外されてショックだ）

　（1a）では，名詞の friend が「SNS で友達登録する」という動詞として使われています。さらに，（1b）では否定を意味する de を friend につけた defriend が「SNS で友達リストから外す」という意味で使われています。実は，このように名詞がそのままの形で動詞に「鞍替え」することは 15 世紀頃からみられることで，英語の大きな特徴といえます。現在の英語の動詞の約 5 分の 1 がもともと名詞だったと指摘する研究者もいるほどです。事実，1600 年くらいに活躍したシェイクスピアも，好んで名詞を動詞として使い，多くの動詞を生み出しました。いくつか例をみてみ

ましょう。

(2)　a. Season your admiration for a while.（驚きをしずめる）
　　　b. Foot me.（私を蹴れ）

(2a) では，「季節」を意味する名詞の season が「しずめる（和らげる）」という意味の動詞として使われています。また，(2b) では「足」を意味する名詞の foot が「蹴る」という意味の動詞として使われています。

　名詞からできた動詞にはいくつか特徴があります。まずは，形態に関する特徴からみていきましょう。次の文をみてください。

(3)　a. The airplane *flew* away.
　　　（飛行機が飛び去った）
　　　b. John flied out.
　　　（ジョンはフライを打ち上げアウトになった）

(3a) の「飛ぶ」という意味の動詞 fly の場合は，過去形は不規則変化の flew です。しかし，(3b) では動詞 fly の過去形は規則変化の flied になっています。この fly は野球用語で「フライ（a fly）を打ち上げる」という意味で，名詞の fly がそのまま動詞として使われています。このように，名詞が動詞として使われる場合は過去形が不規則変化にならないことから，次の規則があることがわかります。

名詞からできた動詞の過去形は -ed がつく規則変化になる。

このことから，英語の母語話者は「純粋な動詞」と「名詞からできた動詞」を別物として区別しており，この区別が (3) にみられるような過去形の「形」の違いとして現れているといえます。

　次に，意味的特徴をみていきましょう。次の文をみてください。

(4)　a. Jack put all his money in *a bank*.

　　b. Jack banked all his money.

（ジャックは有り金すべてを銀行に預けた）

　（4a）と（4b）はともに「銀行にお金を預ける（＝預金する）」
という意味を表します。しかし，名詞の bank が使われている
（5a）は，「お金をすべて銀行に置いてきた（置き忘れた）」とい
う意味にもとれます。これに対して，bank が動詞として使われ
ている（4b）にはそのような意味はなく，「銀行に預金した」と
いう意味にしかなりません。このように，名詞からできた動詞は
意味が限定されます。

　では，どのように意味が限定されるのでしょうか？いくつかの
パターンがありますが，（4）の名詞の bank のように人がつくっ
たもの（人工物）が動詞になると，元の名詞がつくられた主要な
目的（使用目的）を表す意味に限定されます。事実，（4b）の動
詞の bank は「預金する」という意味に限定されますが，これは
「お金を預ける」という銀行の使用目的を表しています。このこ
とは次の対比からも明らかです。

　（5）　a. She buttered the bread.（パンにバターをぬる）

　　b. *Baikinman *buttered* Anpanman's face.

　　（cf. Baikinman *put butter* on Anpanman's face.（バターをア
　　　ンパンマンの顔にぬる））

名詞の butter は動詞としても使われ，（5a）のようにパンに「バ
ターをぬる」という意味を表します。しかし，（5b）のように，
「バイキンマンがアンパンマンの顔にバターをぬる」という状況
では，動詞 butter を使うことができません。この場合は名詞の
butter を使って，*put butter on* Anpanman's face としなければなり
ません。このように，名詞の butter が動詞で使われると，「パン
などの食べ物にバターをぬる」というバターの使用目的を表す意

味に限定されます。

　以上のことから，人工物を意味する名詞からできた動詞には，次の規則があるといえます。

人工物を意味する名詞からできた動詞は，その名詞がつくられた主要な目的（使用目的）を表す意味に限定される。

この規則にあてはまる例は多く，他にも次のようなものがあります。

(6)　a. He was beautifully schooled in music.
　　　　（彼は音楽で立派な**教育を受けた**）

　　　b. He scissored the article out of the newspaper.
　　　　（彼は新聞の記事を**ハサミで切り抜いた**）

　　　c. She peppered the food and sugared the tea.
　　　　（彼女はその食べ物に**こしょうをふりかけ**，紅茶に**砂糖を入れた**）

　　　d. Your dog should be kenneled at night.
　　　　（君の犬は夜は**犬小屋に入れて**おくべきだ）

まず，名詞のschoolは「教育する」という目的でつくられていますが，(6a)のように動詞として使われた場合，「教育を受けさせる」という元の名詞の使用目的を表す意味になります（ちなみに動詞のschoolは受け身で使われるのが普通です）。同様に，(6b)の動詞のscissorも「ハサミで切る」という元の名詞のscissorsの使用目的を表す意味になります（名詞の場合はscissorsと複数形になりますが，動詞ではsが落ちた形で使われます）。また，名詞のpepperもsugarもともに「料理で使う」という目的でつくられていますが，(6c)の動詞のpepperとsugarはともに元の名詞の使用目的を表し，それぞれ「こしょうをかける」，「砂糖を入れる」という意味になります。最後の(6d)では，kennelが「犬小屋に入れる」という意味の動詞で使われていますが，名詞のkennelはまさに犬を入れるためにつくられた小屋であるため，

動詞の kennel はこの元の名詞の使用目的を表す意味になっています。

　さらに，人工物を意味する名詞からできた動詞の中には，元の名詞の意味が薄れ使用範囲を広げて使われているものもあります。次の例をみてください。

　（7）　a. She combed her hair with her finger.
　　　　　（彼女は指で髪をとかした）

　　　　b. The goods were shipped by air.
　　　　　（商品は航空便で送られた）

（7a）では，「櫛」という意味の名詞の comb が動詞として使われ，「髪をとかす」という櫛の使用目的を引き継いだ意味を表しています。しかし，with her finger とあることから，必ずしも「櫛」でとかす必要はなく，「髪をとかす」という動作だけを表していることがわかります。同様に，（7b）では動詞の ship が「発送する」という意味で使われていますが，本来は「船で運ぶ」という意味でした。しかし，必ずしも「船」である必要がなくなり，今では ship by air（飛行機で発送する）といえます。この場合も，ship が「発送する」という動作だけを表していることがわかります。このように，元の名詞の意味が薄れ使用範囲を広げて使われることもあります。

　なお，日本語では名詞に「る」や「する」をつけて動詞として使うことがあります。たとえば，「ググる」は「グーグル（Google）で調べる」という意味であり，「お茶する」は「お茶を飲んで一服する」という意味になります。この場合も，「グーグル」や「お茶」の使用目的を表す意味になります。このように，人工物の名詞からできた動詞の規則は英語だけでなく日本語にもあてはまる汎用性の高い規則であるといえます。

3.4 自動詞と他動詞の規則

The sky cleared とはいえるのに，*The table cleared と
はいえないのはなぜでしょうか？

　英語の動詞の特徴として，同じ動詞が形を変えないまま他動詞
にも自動詞にもなることがあげられます。次の例をみてください。

(1)　a. The wind cleared the sky. ［他動詞］
　　　　（風が空をきれいにした）
　　　b. The sky cleared. ［自動詞］
　　　　（空がきれいになった）
　　　c. *The table cleared. ［自動詞］

動詞の clear は（1a）のように the sky を目的語にとる他動詞に
もなるし，（1b）のように The sky が主語になる自動詞にもなり
ます。しかし，「テーブルがきれいになった」という意味で，自
動詞の clear を使って（1c）のように The table cleared というこ
とはできません。なぜ The sky cleared はよくて The table cleared
はダメなのでしょうか？ここでは，英語の自動詞と他動詞につい
てみていきます。

　まず，自動詞からみていきましょう。英語の自動詞の大きな特
徴の1つとして，「誰（何）がやったかを示さない」ことが挙げ
られます。次の文をみてください。

(2)　a. John opened *the door*. ［他動詞］
　　　　（ジョンがドアを開けた）
　　　b. *The door* opened. ［自動詞］
　　　　（ドアが開いた）

動詞の open は（2a）のように the door を目的語にとる他動詞に

も，（2b）のように the door が主語になる自動詞にもなります。
（2b）の自動詞文はドアが開いたことだけを述べていて，誰
（何）がドアを開けたかは問題にしていません。このことは，自
動詞文を受動文とくらべるとよくわかります。

(3)　a. The door was opened *by John*.［受動文］
　　　　（ドアがジョンに開けられた）
　　　b. *The door opened *by John*.［自動詞］（cf.（2b））

（3a）の受動文は by John を付け加えて「ジョンによってドアが
開けられた」ことを表すことができます。つまり，（3a）は（2a）
の他動詞文の John opened the door に対応していることになりま
す。一方，（3b）の自動詞文には by John を付け加えることがで
きません。このことから，（2b）の自動詞文の The door opened
は「ドアが開いた」ことだけを述べ，「誰（何）がドアを開けた
か」を示さない文であることがわかります。

　しかし，単に「誰（何）がやったか」を示さない場合に自動詞
が使われるわけではありません。次の例をみてください。

(4)　a. The window broke.（窓が壊れた）
　　　（cf. The boy *broke* the window.（少年が窓を壊した）
　　　b. * ｜His promise ／ The world record｜ *broke*.
　　　（cf. He *broke* ｜his promise ／ the world record｜.（彼が ｜約
　　　　　束／世界記録｜ を破った）

もし自動詞が単に「誰（何）がやったか」を示さない場合に使え
るのであれば，（4a）と（4b）の自動詞文はともに許されるはず
です。しかし，（4a）の The window broke は可能ですが，（4b）
の* ｜His promise ／ The world record｜ broke はダメです。この
違いは，「自然に起こりえるかどうか」によります。まず，（4a）
の「窓」はそれ自体が「壊れる」という性質をもっています。事
実，老朽化などにより自然に壊れてしまう可能性があります。こ

れに対して，(4b) の「約束」や「世界記録」は自然に破られる
ものではなく，必ず人が破るものです。つまり，(4b) は自然に
起こる出来事ではありません。この場合，自動詞が使えないこと
から，自動詞には次の規則があるといえます。

自然に起こる出来事を表す場合に自動詞を使うことができる。

この規則は，先ほどみた (2b) の自動詞の open にもあてはま
ります。

(5) a. The door opened *at a touch*.
（ちょっと触ったらドアが開いた）

b. The door opened *by itself*.
（ドアが勝手に開いた）

(5a) では，at a touch とあることから，あくまで「ドアが開く
きっかけ」を与えただけで，後は「ドアが自然に開いた」ことを
示しています。また，自動詞の open は (5b) のように by itself
とともに使われ，ドアが自然に開いたことを表すこともできます。
このように，ドアは自然と開くことがあるため，自動詞の規則に
より (2b) では自動詞の open が使えることになります。

さらに，次の対比もこの規則から捉えることができます。

(6) a. The sky cleared. (= (1b)) （空がきれいになった）

b. *The table *cleared*. (= (1c))

(cf. The waiter *cleared* the table.

（ウェイターがテーブルをきれいにした））

(6a) と (6b) ではともに自動詞の clear が使われていますが，
(6b) の *The table cleared という自動詞文はダメです。これは，
(6a) の「空」は風で雲がなくなるなどして自然に澄んできれいに
なるのに対して，(6b) の「テーブル」は自然ときれいになる

ものではなく，必ず人がきれいにするものだからです。よって，自動詞の規則から自然に起こらない出来事を表す（6b）の自動詞文は許されないことになります。

　ここで注意すべきことは，自動詞になるかどうかに関しては，それぞれの語がもつ意味も考える必要があるということです。次の例をみてください。

（7）　The rope {*cut / snapped}.（ロープがプツンと切れた）

たとえば，ロープは張りすぎていたりするとプツンと自然に切れることがあります。そのため，自動詞の規則により「ロープが切れる」というのを自動詞で表すことができますが，（7）のようにcutは使えず，snapが使われます。これは，cutは「（人が）刃物のような道具を使って切る」という意味だからです。つまり，cutはsnapとは異なり自然に切れるという意味をもたないため自動詞にはなりません。このように，自動詞になるかどうかに関しては，自動詞の規則とともにそれぞれの語がもつ意味も考える必要があります。

　次に，他動詞についてみていきましょう。英語の他動詞の大きな特徴の1つとして，「原因を表すものが他動詞の主語になる」ことが挙げられます。このことは，英語と日本語を比較するとよくわかります。次の英語と日本語の例をみてください。

（8）　a. This medicine will make you feel better.
　　　b. この薬を飲めば，あなたは気分がよくなるでしょう。

英語では，（8a）のように原因を表すthis medicineを無生物主語にして，This medicine will make you feel betterという他動詞文が使われます。一方，日本語では，（8b）のように「この薬を飲めば」という条件文で原因を表すのが普通です。このことからも，「原因を表すものが他動詞の主語になる」というのが英語の特徴であることがわかります。

さらに，この英語の特徴は次のような「喜怒哀楽」を表す文にも表れています。

　(9)　The news surprised me.（私はそのニュースに驚いた）

日本語では「私はそのニュースに驚いた」というのが自然ですが，英語では (9) のように原因を表す the news を主語にして，The news surprised me という他動詞文が使われます。(9) を直訳して「そのニュースが私を驚かした」とすると日本語として不自然なことからも，「原因を表すものが他動詞の主語になる」というのが英語の特徴であることがわかります。

　なお，英語では原因を表すものが他動詞の主語になることは，次の対比からもよくわかります。

　(10)　a. Bill *was* very *angry* at the article in the *Times*.
　　　　b. The article in the *Times* angered Bill greatly.（cf. (9)）

　(10a) と (10b) はともに「ビルが『タイムズ』の記事に怒った」ことを表していますが，(10a) と (10b) では the article in the *Times* の解釈が異なります。

まず，(10a) のように Bill を主語にして形容詞の angry を使った場合は，「ビルは『タイムズ』の記事に書かれた内容そのものに対して怒った」ことを表します。つまり，(10a) の the article in the *Times* はビルが怒った「対象」を表しています。一方，(10b) のように the article in the *Times* を主語にして他動詞の anger を使った場合は，ビルは必ずしも記事の内容に対して怒ったのではなく，「記事が出たことや記事の表現がひどいことなどに怒った」ことも表します。つまり，(10b) の他動詞文の場合は，the article in the *Times* はビルが怒った「原因」を表しています。このことからも，英語では原因を表すものが他動詞の主語になることがわかります。

3.5 類義語の規則

次の英文は不自然だといわれたのですが，どうしてですか？
I am ashamed to find a hole in my sock.

　英語で「靴下に穴が開いていて恥ずかしかった」という場合，上の文のように ashamed は使いません。というのも，ashamed は「してはいけないと知りつつしてしまった」という罪の意識からくる恥ずかしさを表すからです。そのため，この場合は気まずさからくる恥ずかしさを表す embarrassed を使います。このように，同じような意味を表す語を「類義語」といいます。ここでは，類義語を深く掘り下げていきます。

　類義語の特徴は言い換えができることですが，言い換えができるからといってまったく同じ意味をもつわけではありません。次の例をみてください。

(1) a. I'm |sure ／ certain| she'll come. (彼女はきっときます)
　　 b. It is |*sure ／ certain| that thousands of people died during the revolution.

　(革命で何千もの人たちが亡くなったのは確かだ)

まず，(1a) では sure を使っても certain を使っても「彼女はきっとくる」という意味になります。しかし，certain のほうが sure よりも確信度が強いという違いがあります。事実，I'm sure の場合は確たる証拠がなく，「彼女はくる」と思い込んでいる感じであるため，I hope や I believe に近い意味になります。つまり，sure と certain は (1a) のように言い換えができることから「確信している」という共通の意味をもっていることになりますが，確信度の強さという点で違いがあることになります。

　一方，(1b) では sure は使えません。これは，sure は主観的

な確信を表すため，人が主語ではない it is sure that …の形では使えないからです。そのため，（1b）では客観的な証拠に基づいた確信を表す certain のみが可能です。このように，sure と certain には主観的な確信か客観的な確信かという違いもあります。しかし，そのような違いがあったとしても，sure と certain が「確信している」という共通の意味をもつこと自体には変わりがありません。なぜなら，sure と certain は（1a）のように言い換えができる場合もあるからです。

このように，類義語は共通する意味をもちながらも意味の違いがありますが，類義語の意味の違いは大きく2つのタイプに分類できます。1つは「程度の違い」で，もう1つは「種類の違い」です。先ほどの sure と certain を例にとると，確信度の強さの違いが「程度の違い」です。そして，客観的な証拠に基づく確信か主観的な確信かというのが確信の「種類の違い」になります。このように，sure と certain には「程度の違い」と「種類の違い」の両方がみられますが，どちらか一方の違いが顕著にみられる類義語もあります。次の例をみてください。

(2)　a. She was scared of growing old.
　　　（彼女は老いるのが怖かった）

　　b. She was frightened by the sound of footsteps.
　　　（彼女は足音におびえた）

（2a）の scared も（2b）の frightened もともに驚きのニュアンスを含んだ怖さを表すため，怖さの種類に違いはないといえます。しかし，scared のほうが frightened よりも怖さの度合いがやや低い，つまり，frightened のほうがより怖がっているという違いがあります。そのため，scared と frightened は「程度の違い」を表す類義語といえます。

逆に，「程度の違い」ではなく「種類の違い」を表す類義語もあります。

(3) The teacher **allowed** me to drink a glass of beer, though it
was not **permitted.**（（規則では）禁止されているが，先生はビー
ルを一杯飲ませてくれた）

allow と permit はどちらも「許可を与える」という意味をもち，
多くの場合言い替えが可能です。しかし，allow と permit には意
味の違いがあり，（3）では両者の意味の違いがうまく使い分けら
れています。まず，allow は「個人の判断で非公式に許可を与え
る」というニュアンスをもちます。そのため，（3）の The
teacher allowed me to drink は「教師が独自の判断で私に飲むこ
とを許可した」という意味になります。一方，permit は法律や
規則などの「公的な許可を与える」という意味でよく使われます。
そのため，（3）の it was not permitted は「規則では許されてい
なかった」という意味になります。このように，allow と permit
はそれぞれ「非公式の許可」と「公的な許可」を表すため，「程
度の違い」ではなく許可の「種類の違い」を表す類義語といえま
す。このように，類義語の意味の違いは「程度の違い」と「種類
の違い」の2つのタイプに大きく分類できます。そして，この2
つの違いによって類義語が使い分けられています。

　実は，助動詞も「程度の違い」と「種類の違い」で使い分けら
れるため，類義語の一種と考えられます。まず，「程度の違い」
による助動詞の使い分けの例からみていきましょう。

(4) He ｜must/will/would/should/can/may/might/could｜ be hungry.
　　　大　　　　　　　　　可能性　　　　　　　小

（4）に示したように，「彼がお腹を空かせている」可能性の度合
いによって助動詞が使い分けられます。たとえば，「間違いなく
お腹が空いているだろう」のように可能性が高いと思っている場
合は must や will などが使われ，「ひょっとしたらお腹が空いて
いるのかも」のように可能性が低いと思っている場合は might
や could などが使われます。このように，「程度の違い」によっ

て助動詞が使い分けられます。

次に，「種類の違い」による助動詞の使い分けの例をみてみましょう。

(5)　a. You may park here.

　　　（cf. You are *allowed* to park here.）

　　b. You can park here.

　　　（cf. You are *permitted* to park here.）

(5) はともに「ここに駐車していい」という意味を表しますが，ニュアンスの違いがあります。まず，(5a) の may の場合は，話し手の個人的な判断で「ここに駐車してもいい」と許可していることになります。これに対して，(5b) の can の場合は，駐車禁止の指定区域ではないといった公的な規則に基づいて許可していることを表します。よって，(3) の allow と permit との関係でいえば，may は個人の判断による許可を表す allow に対応し，can は法律や規則などに基づく公的な許可を表す permit に対応しているといえます。このように，英語の助動詞も類義語の一種と捉えることができます。

英語の類義語には英語の特徴がよく現れています。

(6)　a. She slightly felt embarrassed at being the center of attention.（彼女は注目の的になってちょっと恥ずかしかった）

　　b. She was deeply ashamed of her behavior at the party.
　　　（彼女はパーティーでの振る舞いをとても恥ずかしく思った）

英語では，気まずい思いをする恥ずかしさを embarrassed で表し，反道徳的なことをしてしまったときに感じる恥ずかしさをashamed で表します。そのため，(6a) のように注目の的になって恥ずかしいと思う場合は embarrassed を使い，(6b) のように自分の悪い振る舞いに対して恥ずかしいと思う場合は ashamedを使います。つまり，英語では恥ずかしさの種類によって語を分

けるため，それらが類義語になります。これに対して，(6a) と
(6b) の日本語訳にあるように，日本語では気まずい思いをす
る恥ずかしさも反道徳的なことをしてしまったときに感じる恥ず
かしさもともに「恥ずかしい」といえます。つまり，日本語では
具体的にどのように恥ずかしいかを区別しないで，「恥ずかし
い」という状態だけに注目しているといえます。

　もう1つ例をみてみましょう。たとえば，「かたい」といった
場合，モノの違いによってさまざまな「かたさ」が区別できます。
具体的には，なかなか噛み切れない「肉のかたさ」とたたいても
なかなか割れない「石のかたさ」は種類が違うかたさであること
は明らかです。しかし，日本語では肉の「かたさ」と石の「かた
さ」の区別をしないでともに「かたい」といえます。つまり，日
本語では「かたい」という性質だけに注目しているといえます
（書きことばでは漢字を使って区別できますが，ここではどれも「か
たい」と発音されるのがポイントになります）。これに対して，英語
では具体的な「かたさの種類」に応じて語を変えます。

(7)

類義語	かたさの種類
tough	肉などがかたい
hard	石などがかたい
fast	結び目などがかたい
tight	ネジなどがかたい

(7) の tough, hard, fast, tight は「かたい」という共通の意
味をもちますが，具体的にどのようにかたいかという「かたさの
種類」が異なります。このように，英語は具体的な種類の違いに
よって語を分ける傾向があり，そのことが英語に類義語が多いこ
との大きな要因になっています。

3.6 多義語の規則

a hand of banana ってどういう意味ですか？

　ことばの大きな特徴の1つに，1つの語が複数の意味をもつことが挙げられます。このような語を「多義語」といいます。多義語にはその言語独特の捉え方が反映されています。たとえば，上の a hand of banana は「バナナの房」のことですが，バナナが1本1本まとまった房の形が人間の手に似ているため hand が使われています。日本語では「バナナの手」とはいわないため，「英語ではそう捉えるのだ」というおもしろさがあります。ここでは，「意味のつながり」という点から，多義語についてみていきます。

　まず，(1) の文をみてください。

(1)　a. This is a strange bat.　(奇妙な ｜バット／コウモリ｜ だ)
　　　b. I missed the ball.
　　　　(ボールを取りそこなった／舞踏会の機会を逃した)

　(1a) の bat には「バット」と「コウモリ」の2つの意味があり，(1b) の ball には「ボール」と「舞踏会」の2つの意味があります。しかし，(1a) と (1b) では「たまたま同じ音をもつ別の語」が使われているだけです。つまり，(1a) では「バット」という意味の語と「コウモリ」という意味の語がたまたま同じ /bæt/ という音をもち，(1b) では「ボール」という意味の語と「舞踏会」という意味の語がたまたま同じ /bɔːl/ という音をもっているだけです。このような語を「同音意義語」といいます。なお，日本語はこの同音異義語が非常に多い言語です。たとえば，「取る」「撮る」「捕る」「採る」「摂る」などの異なった意味を表す語が「トル」という同じ音をもちます。

　これに対して，1つの語が複数の意味をもつのが多義語です。

この場合，（1）の同音異義語とは異なり，意味の間につながりがあります。たとえば，hand には次のような意味があります（『アクシスジーニアス英和辞典』）。

(2)　hand：❶手．❷手助け．❸関与．❹管理．❺（時計の）針．❻人手….

hand の基本的な意味は「手」ですが，（2）のいずれの意味も何かしら「手」とのつながりがみてとれます。たとえば，「手助け」は「手を差し伸べる」ことですし，「関与」は「手を出す」ことです。このように，基本となる「手」という意味から連想されるものが新たな意味として加わることで，1つの単語が複数の意味をもつようになります。つまり，多義語では「連想ゲーム」のようなことが起こっているといえます。そして，その「連想ゲーム」には英語独特の捉え方があります。たとえば，日本語では「秒針」のように時間を示す棒を「針」と捉えますが，英語では the second hand のように hand と捉えます（（2）の❺）。

　hand の場合は意味の間のつながりが比較的容易に理解できますが，多義語の中には意味のつながりがわかりにくいものもあります。次の例をみてください。

(3)　a. the right bank of a river（川の右岸）
　　 b. a central bank（中央銀行）

（3a）の「岸」を意味する bank と（3b）の「銀行」を意味する bank はたまたま同じ音をもつ同音意義語の典型例としてよくとりあげられます。しかし，両者は歴史的に遡ると同じ語源をもちます。両者の語源は「土盛り」を意味するゴート語（ゴート族に用いられたゲルマン語派の言語，6世紀中頃に衰退）の benc です。簡潔にいうと，この語は「土盛り」の意味から「川の土手（岸）」の意味で用いられるようになりました。さらに，「土盛り」の盛り上がった部分が椅子や台に似ていることから「長椅

子」や「作業台」といった意味にも発展しました。そして，12世紀頃のイタリアで両替商が両替のために「長い机（台）」を使用したことから「銀行」の意味が生じたと考えられています。このように，「銀行」を意味する bank はイタリア語を経由して英語に入ってきましたが，「岸」を意味する bank と同じ語源をもちます。これら（3a）と（3b）の bank は今では同音異義語といえるくらい意味のつながりがわからなくなっていますが，歴史的にみると意味のつながりがある多義語なのです。

　一方で，（3）の bank とは逆のパターンもあります。つまり，「2つの意味につながりがあるように思えるが歴史的にみると別もの」という例です。次の例をみてください。

（4）　a. get some fresh air （新鮮な**空気**を吸う）
　　　 b. have an air of mystery （謎めいた**雰囲気**をもっている）

air には（4a）の「空気」と（4b）の「雰囲気」の2つの意味があります。辞書の中にはこの2つの意味はつながりがあるとして，（4）の air を多義語として扱っているものもあります。でも，歴史的にみると（4a）と（4b）の air は違う語源をもつ別の語です。まず，（4a）の「空気」を意味する air は「吹く」を意味する古代ギリシア語の aēr が語源で，そこから「風」を経由して「空気」となりました。一方，（4b）の「態度／様子」を意味する air は「体質」を意味する古フランス語の aire が語源です。このように，（4a）と（4b）の air は意味が似ていますが，歴史的には異なる語源をもつ別の単語なのです。

　このように，多義語を「意味のつながり」と「歴史的なつながり」の2つの点からみると，次の2つのパターンがあることになります。

(5)

パターン	意味のつながり	歴史的つながり
a. bank：岸／銀行	似ていない	ある
b. air：空気／雰囲気	似ている	ない

　(5a) に当てはまる bank のような語は，歴史的なつながりがあることが忘れられ，今では意味のつながりがない同音異義語のようになっています。逆に，(5b) にあてはまる air のような語は，歴史的なつながりがないことが忘れられ，今では意味のつながりがある多義語のようになっています。このように，「意味のつながり」と「歴史的なつながり」は必ずしも一致していないのです。ただし，語源は知らないことが多いため，歴史的なつながりがあるかどうかにかかわらず，意味のつながりがあるように思えると多義語と捉えられる傾向にあるといえます。

　上述したように，多義語では「連想ゲーム」のようなことが起こり新しい意味がつくられます。その連想ゲームの大きな特徴の1つに比喩が使われることが挙げられます。たとえば，(3b) の bank のところで両替商（銀行）で使われた「長い机」が「銀行」の意味になったことをみました。この場合，銀行で使われている長い机（銀行の一部）が比喩的に銀行全体を指すようになったわけです。このように，「部分」が「全体」を表す比喩は2つの意味のつながりがわかりやすいためよく使われます（3.7 参照）。次の例をみてください。

(6)　a. John spilled coffee on the newspaper. ［品物（部分）］
　　　　（ジョンは新聞にコーヒーをこぼした）

　　　b. The newspaper fired its editor. ［会社（全体）］
　　　　（新聞社は編集者をクビにした）

　(6a) にあるように，newspaper は品物（商品）としての「新聞」を意味します。しかし，(6b) では newspaper が新聞をつくっている会社全体を比喩的に表して「新聞社」という意味で使

われています。このように，部分（＝新聞）が全体（＝新聞社）を表す比喩によって，（6）の newspaper は「新聞」と「新聞社」の意味をもつ多義語になっています。

最後に，思わぬ形で新たな意味をもつようになった多義語の例をみておきましょう。

(7) a. the second boy from the left （左から2番目の少年）
　　 b. This watch is 30 seconds late. （30秒遅れている）

（7a）の「2番目」を意味する second と（7b）の「秒」を意味する second は，意味のつながりがない同音意義語のように思えますが，（7a）と（7b）の second には意味のつながりがあります。といっても少し特殊なのですが，もともと「秒」という単位がなかったため，minute を使って「秒」を second minute と表していました。「分の2番目の単位」ということです。その後，second minute の minute が省略され最初の second だけをいうようになったため，時間とは無関係の second が単独で「秒」という時間の単位を表すようになりました。つまり，second minute 全体で表していた「秒」という意味を省略されずに残された second が引き継いだため，「秒」という意味をもつようになったのです。

もう1つ例をみておきましょう。アメリカ英語では「落下」という意味の fall が「秋」という意味で使われますが，もともとは fall of the leaf で「秋」を意味していました。秋は「葉が落ちる季節」だからです。その後，of the leaf の部分が省略され最初の fall だけをいうようになったため，季節とは無関係の fall が単独で「秋」を表すようになりました。このように，思わぬ形で新たな意味をもつようになった多義語もあるのです。

基本的に意味のつながりがあるものを多義語といいますが，bank や second のように意味のつながりがわからなくなっている多義語もあるのです。

3.7 比喩の規則

We don't hire longhairs って何を伝えたいのですか？

I washed the car は「私は車を洗った」という意味ですが，この場合の the car は普通は「車の外側」を指します。一方，I vacuum-cleaned the car の場合はどうでしょうか？この場合は vacuum-clean（掃除機をかける）といっているので普通は「車の内側」を指します。このように，the car であっても車全体のことではなく車の一部を指すことがあるのです。では，上の We don't hire longhairs はどういう意味になると思いますか？ここでは，比喩についてみていきます。

次の例をみてください。

（1）　a. We don't hire longhairs.（長髪は雇わない）

　　　 b. The *Times* hasn't arrived at the press conference yet.
（タイムズがまだ記者会見にきていない）

（1a）では，「長髪の人」を longhair を使って比喩的に表しています。わざわざ髪を使って人を表しているのは，（1a）では雇いたくない人の特徴である「長髪」を強調したいからです。つまり，those who have long hair（長髪の人々）というよりも，（1a）のように比喩を使って longhair をドンと前面に出したほうが，「長髪の人は雇わない」ことがより効果的に伝わるのです。同じことが（1b）にもいえます。（1b）では，「タイムズの記者」を The *Times*（タイムズ社）を使って比喩的に表しています。そうすることで，記者が誰であるかということよりも，どの新聞社がくるかが重要であることがより効果的に伝わります。

（1）で使われている比喩には，ある特徴があります。それは，「部分」と「全体」の関係を使っているということです。（1a）

では，人間の身体の一部である「長髪」を使って「長髪の人」そのもの（全体）を表しています。一方，(1b) では，「タイムズ社」という会社（全体）そのものを使って，そこで働く記者（会社の一部）を表しています。以下では，(1b) のように，「全体」で「部分」を表す比喩について詳しくみていきます。

　次の例をみてください。

(2)　a. Mary broke the bottle. ［入れ物］（メアリーは**瓶**を壊した）
　　　b. The baby finished the bottle. ［中身］
　　　　（赤ちゃんは**ミルク**を飲み終えた）

(2a) と (2b) ではともに bottle という語が使われていますが，bottle が表すものが異なっています。(2a) の bottle は「入れ物」としての瓶を表していますが，(2b) の bottle は「瓶の中身」を表しています。(2b) では主語が the baby であるため，bottle は「哺乳瓶のミルク」という意味になります。bottle というのはあくまで入れ物のことなので，(2b) では「瓶に入っているミルク」を「入れ物」である bottle を使って比喩的に表していることがわかります。つまり，(2b) では bottle という「入れ物（全体）」でその「中身（部分）」を表す比喩表現が使われています。

　このような比喩表現は，1つの語で2つ以上の意味を効率的に表すことができるためよく使われます。次の例をみてください。

(3)　a. The hospital is desperately short-staffed. ［機関］
　　　　（その**病院**は深刻な職員不足だ）

　　　b. It is on the fifth floor of the hospital. ［建物］
　　　　（それは**病院**の5階にある）

　　　c. Did the hospital check her for drugs? ［職員］
　　　　（**病院**は彼女の薬物検査をやったのか？）

　　　d. He was in dire need of hospital treatment. ［業務］
　　　　（彼は**病院**の治療が是非とも必要であった）

（3）では，「病院」に関するものが hospital の 1 語で表されています。まず，（3a）の「病気を治す機関」というのが hospital の基本的な意味になります。そのうえで，（3b）の hospital は 5 階建てである病院の「建物」のことを意味し，（3c）の hospital は検査を行う病院の「職員」を意味しています。また，（3d）では，病院が行う「業務（仕事）」という意味で hospital が使われています。ここでも，（3a）の hospital という「病気を治す機関（全体）」を使って，その「建物」や「職員」や「業務」という病院に関するもの（部分）を比喩的に表しています。

　（2）や（3）のような「全体」で「部分」を表す比喩の大きな特徴は，意味のつながりがわかりやすいということです。たとえば，（2）の bottle を例にとると，bottle は「入れ物」ですが「ミルク」は入れ物の中に入っているモノであるため，両者につながりがあるのは明らかです。このように，意味のつながりがわかりやすいため，文脈があれば意味を容易に理解できることになります。意味を容易に理解できるため，1 つの語が「全体」と「部分」を同時に表す場合もあります。次の例をみてください。

　（4）　The blue kettle is boiling.
　　　　（青いやかんが沸騰している）

まず，（4）の The blue kettle は「青いやかん」という意味ですが，この場合の kettle は「容器としてのやかん」を表しています。一方，（4）は「やかんが沸騰している」という意味ですから，kettle is boiling の kettle は「やかんの湯（中身）」を表しています。このように，（4）の kettle は容器（全体）とその中身（部分）という 2 つの意味を同時に表しているのです。（4）の意味は容易に理解できますが，（4）は「全体（やかん）」と「部分（やかんの中身）」の切り替えが行われているという点では複雑な文なのです。

実は，このような「全体」と「部分」の切り替えは冠詞にもみられます。次の例をみてください。

　　(5)　a. She ate an apple.［全体］
　　　　　（彼女はリンゴを食べた）

　　　　b. She put apple in the salad.［部分］
　　　　　（彼女はサラダにリンゴを入れた）

　(5a) のように，不定冠詞の an がついている an apple は「リンゴ丸ごと 1 つ（全体）」を表しますが，無冠詞の apple は切ったりすったりした「リンゴの一部（部分）」を表します。つまり，apple は an がつくとリンゴ「全体」を表しますが，an をとって無冠詞にすることでリンゴの「一部分」を表します。このように，冠詞の有無で「全体」と「部分」の切り替えが行われているのです。

　最後に，「全体で部分を表す」という比喩の捉え方がいろいろなところで活用されていることをみておきます。次の例をみてください。

　　(6)　The dog bit the cat.（犬が猫を噛んだ）

　(6) は「犬が猫を噛んだ」という意味ですが，猫は犬に丸かじりされたわけではありません。実際には，犬は猫の耳やしっぽなどの猫の身体の一部を噛んだわけですが，(6) では猫そのもの（全体）を表す the cat が動詞の bite の目的語になっています。この場合，単に猫の身体の一部が噛まれたことだけではなく，噛まれたことで猫が負傷したことまで表します。このように，the cat を使うことで猫そのものが影響を受けたこと（＝負傷したこと）まで表すことができるのです。

　このことを踏まえて，次の対比をみてください。

(7)　a. John kissed Mary's hand.

　　b. John kissed Mary by the hand.（cf.（6））

　（ジョンはメアリーの手にキスをした）

　（7a）と（7b）はともに「メアリーの手にキスをした」ことを表していますが，（7a）と（7b）では動詞の kiss の目的語が異なっています。（7a）では，kiss の目的語にキスされた場所である Mary's hand がきています。この場合，ジョンは儀礼的にメアリーが差し出した手にキスをしたことを意味します。一方，（7b）では「手にキスをした」ことは by the hand によって補足的に説明されているだけで，kiss の目的語は Mary です。つまり，（7b）では Mary's hand（身体の一部）ではなく Mary（全体）が kiss の目的語になっています。この場合は単にメアリーが手にキスされたことだけではなく，キスされたことで気持ちが高ぶったといったように，メアリーが影響を受けたことまで表します。

　比喩が使われていることは意識しないと気づきません。言い換えると，気づかないくらい比喩は普段使っていることばの中に浸透しているということです。また，日本語でも「鍋が食べたい」というのは「鍋料理が食べたい」ということです。「鍋」というのはあくまで入れ物のことですが，その中身である「鍋に入った料理（部分）」を「入れ物（全体）」を使って比喩的に表しています。

　このように，比喩は英語や日本語ということばの枠を越えて使われているものであり，ことばを使う上で欠かせないものなのです。

3.8 コロケーションの規則

> the cause of success とはいわないと指摘されましたが,
> なぜですか?

　単語の意味さえ知っていれば,その単語のことを知っていると
いえるのでしょうか?答えは No です。cause には「原因」や「理
由」という意味がありますが,the cause of problem とはいえて
も the cause of success とはいえません。cause の意味を知ってい
るだけでなく,cause がどのように使われているかも知る必要が
あるのです。ある単語がどのような単語といっしょに使われるか
という語と語の組み合わせを《コロケーション》といいます。こ
こでは,コロケーションについてみていきます。
　まず,次の文をみてください。

(1)　a. The negotiations came up against a brick wall.
　　　（交渉は壁にぶつかった）

　　　b. He smelled danger.
　　　（彼は危険を嗅ぎつけた）

　(1a) では,「困難にぶつかる」という意味で wall が使われてい
ますが,日本語でも「困難にぶつかる」ことを「壁にぶつかる」
といいます。また,(1b) では,「危険を察知する」という意味
で smell が使われていますが,日本語でも「危険を察知する」こ
とを「危険を嗅ぎつける」といいます。しかし,(1) のように英
語とそれに対応する日本語が常に同じような使われ方をするわけ
ではありません。むしろ違う使われ方をすることのほうが多いで
す。たとえば,英語の water は冷たくなくてもいいので hot
water といえます。しかし,日本語では冷たくないと「水」とは
いわないため,「熱い水」とはいわずに「湯」を使います。つま

り，water を「水」と知っているだけでは，hot water といえることまではわからないのです。

「単語は例文で覚えよう」とよくいわれるのは，どのような組み合わせで語が使われるかというコロケーションを知るためです。コロケーションには「語彙的コロケーション」と「文法的コロケーション」の2つがあります。以下では，この2つのタイプのコロケーションについてみていきます。

まず，語彙的コロケーションというのはよく使われる自然な語と語の組み合わせのことです。ここでは，よくとりあげられる「形容詞＋名詞」と「動詞＋名詞」の2つをみていきます。1つめの「形容詞＋名詞」は名詞がどのような形容詞をとるかということです。この場合は，主に英語特有の慣習的な使い方や英語の母語話者の語感が反映されているといえます。次の例をみてください。

(2) a. a strong position（強い立場）－ a weak position（弱い立場）
b. a strong wind （強い風）－ a ｛light ／*_weak_｝ wind（弱い風）

(3) a. a strong ｛will ／ determination ／ friendship｝（強い ｛意志／決意／友情｝）
b. *a _hard_ ｛will ／ determination ／ friendship｝

(2a) の a strong position の反対は a weak position ですが，(2b) の a strong wind の反対は a weak wind ではなく a light wind になります。また，(3a) の will や determination や friendship は形容詞の strong といっしょに使われますが，hard とは使われません。これに対して，日本語の「意志」や「決意」や「友情」は「強い ｛意志／決意／友情｝」のように「強い」といっしょに使われるだけでなく，「固い ｛意志／決意／友情｝」のように「固い」とも使われます。このように，「名詞がどのような形容詞をとるか」というコロケーションは言語間で違いがみられることが

多いため，その言語の慣習的な用法や英語の母語話者の語感など
が反映されているといえます。

2つめの「動詞＋名詞」のコロケーションは，動詞がどのよう
な目的語をとるかということです。この場合は，主に動詞の意味
が反映されているといえます。たとえば，動詞の pursue と
chase はともに「追いかける」という意味ですが，両者はよくと
る目的語が異なります。次の対比をみてください。

(4)　　ⅰ. pursue がよくとる目的語：career, goal, education など
　　　　（例：She pursued *a career* as a musician.（音楽家の道を歩
　　　　んだ））
　　　　ⅱ. chase がよくとる目的語：cat, rabbit, ball など
　　　　（例：The dog chased *the cat*.（猫を追いかけた））

まず，（4ⅰ）の pursue がよくとる目的語を見るとわかるように，
pursue は目標や夢といった抽象的なものを追い求めるというの
が基本的な意味になります。一方，（4ⅱ）の chase がよくとる
目的語を見るとわかるように，chase は生き物や具体的なモノを
追いかけるというのが基本的な意味になります。このように，動
詞がどのような目的語といっしょに使われるかというコロケー
ションを見ることで，動詞がもつ意味がより明確になります。

なお，冒頭の cause にも同じことがいえます。the cause of ... の
of の後には problem や accident や cancer などがきます。このこ
とから，cause は「好ましくない物事の原因や理由」を表すとい
えます。そのため「成功した理由」という意味で the cause of
success とはいいません。このように，cause がどのような語と
いっしょに使われるかを見ることで，cause の意味がより明確に
なります。

つぎに，動詞の例を中心に文法的コロケーションについてみて
いきます。文法的コロケーションとは，語がどのような文法構造
をとるかということです。まず，特定の文法構造が慣習的に使わ

れる例をみてみましょう。

(5) a. I want *marriage* with you.［want ＋ 目的語 ＋ 前置詞句］
b. I want *to marry* you.［want ＋ to ＋ 不定詞］

（5a）と（5b）はともに「きみと結婚したい」という意味ですが，実際に使われるのは（5b）の文だけです。（5a）は単語も文法も正しくて何の問題もないのに不自然な文です。これは，「結婚したい」という場合には want が不定詞の to marry をとる文法構造が慣習的によく使われるからです。言い換えれば，（5a）が不自然なのはそのような文を聞く頻度が非常に低いからです。このように，文法的だからといって必ずしも使われるわけではないため，慣習的によく使われる文法的コロケーションを知っておくことは，言語使用という点では重要になります。

つぎに，動詞の意味が反映されている文法的コロケーションの例をみてみましょう。

(6) a. She **asked** him to leave.［to 不定詞］
b. She **asked** that he leave.［that 節］

まず，（6a）のように ask が不定詞（to leave）をとる場合は，彼女が彼に面と向かって立ち去るようにいったことを表します。つまり，ask が「直接強く要請する」という意味のときは不定詞をとります。一方，（6b）のように ask が that 節（that he leave）をとる場合は，彼女が誰かに頼んで間接的に彼に立ち去るようにいったことを表すことができます。つまり，ask が「間接的に弱く要請する」という意味のときは that 節をとります。このように，ask の意味の違いがどのような文法構造をとるかという文法的コロケーションに反映されています。

さらに，次の例をみてください。

(7) a. I want him to go.［to ＋ 不定詞］（cf.（6a））

b. *I *want* that he would go.［that 節］

c. I wish that he would go.［that 節］（cf.（6b））

want を使って「彼に行ってほしい」という場合，want は（7a）のように不定詞（to go）をとりますが，（7b）のような that 節（that he would go）はとりません。これは，want のように「必ず叶えたい」という強い願望を意味するときは不定詞をとるからです。一方，同じく願望を表す wish は want とは異なり，（7c）のように that 節をとります。wish はよく仮定法で使われることからもわかるように実現の可能性が低い弱い願望を表します。このように，弱い願望を意味するときは that 節をとります。（7）でも，want と wish の意味の違いがどのような文法構造をとるかという文法的コロケーションに反映されています。

このことを踏まえて，次の例をみてください。

（8）　I wish him to go.［to ＋不定詞］（cf.（7a））

先ほど，wish は弱い願望を意味するので that 節をとることをみましたが，（8）では wish が（7a）の want と同じく不定詞をとっています。なぜでしょうか？この場合，「wish は that 節をとるのがふつう」という文法的コロケーションの知識が役立ちます。というのも，（8）のように to 不定詞をとる wish は「いつもの wish」とは異なるとわかるからです。事実，辞書では wish が不定詞をとるのは「かたい」表現であり，want のように強い願望を表すと書かれています。このように，「wish は that 節をとるのがふつう」という文法的コロケーションの知識があれば，wish が不定詞をとるのは wish のいつもの使い方ではないということがわかります。

コロケーションを知ることで自然な英語を使えるようになるだけでなく，語の意味や文法をより深く知ることもできるのです。

3.9 語と文の規則

He didn't **tell** me anything が よ く て *He didn't **say** me anything がよくないのはなぜです？

　動詞 tell は「言う」という意味なので，「話す人」「相手（聞く人）」「話す内容」の３つが必要です。そのため，He didn't tell me anything のように me（相手）と anything（話す内容）の２つの目的語をとる《二重目的語構文》になります。このように，動詞の意味によって，どのような文が使われるかが決まるといえそうですが，話はそれほど単純ではありません。たとえば，say も tell と同じく「言う」という意味ですが，冒頭の質問にあるように say は tell のように２つの目的語をとれません。ここでは，動詞を中心に語と文の関係についてみていきます。

　まず，次の文をみてください。

　（1）　a. John sent a letter to Mary. ［目的語＋前置詞句］
　　　　b. John sent Mary a letter. ［二重目的語］
　　　　（ジョンはメアリーに手紙を送った）

　（1a）と（1b）はともに「ジョンがメアリーに手紙を送った」ことを表していますが，２つの文には違いがあります。まず，（1a）の sent a letter to Mary は，方向を表す前置詞句の to Mary があることからもわかるように，「手紙をメアリーへ送った」という移動の意味が強調されます。一方，（1b）の sent Mary a letter のように二重目的語構文の場合は，「メアリーが手紙を受け取った（所有した）」ことまで表します。

　このことは，次の対比によく表れています。

　（2）　a. John sent a letter to New York. ［目的語＋前置詞句］

b. *John sent New York a letter.［二重目的語］（cf.（1b））

（ジョンはニューヨークに手紙を送った）

（2）では，（1）の Mary を New York に変えていますが，この場合は（2b）のように二重目的語構文を使って John sent New York a letter とはいえません。なぜなら，「手紙」を受け取れるのは人ですが，「ニューヨーク」は人ではないからです。つまり，（2b）では New York と a letter の 2 つの目的語の間に所有関係がないため，二重目的語構文が使えないことになります。

以上のことから，二重目的語構文には次のような規則があるといえます。

2 つの目的語の間に所有関係がある場合に二重目的語構文が使える。

このことを（1b）の二重目的語構文の John sent Mary a letter の例で図示すると次のようになります。

（3）　John sent 　 Mary 　　 a letter
　　　　　　　　［目的語 1］［目的語 2］
　　　　　　　　　　　［所有関係］：メアリーが手紙を受け取る

一方，（1a）の John sent a letter to Mary は「手紙をメアリーへ送った」ことだけを述べており，メアリーが手紙を受け取ったかどうかまでは表していません。手紙を受け取ったかもしれないし，受け取っていないかもしれないということです。そのため，（1a）と（1b）には次のような違いが出ます。

（4）　a. <u>John sent a letter to Mary</u>, but she didn't receive it.
　　　　　　［目的語＋前置詞句］

　　　b. *<u>John sent Mary a letter</u>, but she didn't receive it.
　　　　　　［二重目的語］

まず，(1a) の John sent a letter to Mary はメアリーが手紙を受け取ったかどうかは不明なので，(4a) のように but she didn't receive it を続けることができます。言い換えれば，(4a) では but 以下の文があることで，「手紙を送ったけどメアリーはまだ受け取ってなかった」ことがはっきりしたわけです。一方，(1b) の John sent Mary a letter はメアリーが手紙を受け取ったことまで表します。そのため，(4b) のように but she didn't receive it を続けると「手紙を受け取ったのに受け取ってなかった」という意味的に矛盾した文になってしまいます。(4) の対比からも，(1a) のような文は所有関係があってもなくても使えるのに対して，(1b) のような二重目的語構文は所有関係がないと使えないことがわかります。

以上のことを踏まえて，冒頭の英文を含む次の対比をみてください。

(5)　a. He didn't tell anything to me. ［目的語＋前置詞句］
　　　b. He didn't tell me anything. ［二重目的語］
(6)　a. He didn't say anything to me. ［目的語＋前置詞句］
　　　b. *He didn't *say* me anything. ［二重目的語］
　　　(彼は私に何も告げなかった)

(5a) の tell anything to me と (6a) の say anything to me はともに「何かを私に言う」という意味を表します。しかし，tell は (5b) のように二重目的語構文を使えるのに対し，say は (6b) のように二重目的語構文を使えません。この理由は，tell と say の意味の違いにあります。同じ「言う」でも tell は「内容を相手に伝える」ことに重点が置かれるのに対して，say は基本的に「音声を口から出す」ことに重点が置かれます。次の例をみてください。

(7)　He often | tells ／*says | a joke.(彼はよくジョークを言う)

(8) {*Tell / Say} cheese. (はい, チーズ)

　(7) の「ジョークを言う」は, tell a joke であって say a joke ではありません。ジョークはその内容を伝えないと意味がないことから, tell は内容を相手に伝えることに重点が置かれることがわかります。一方, (8) の「はい, チーズ」は写真を撮るときのお決まりの文句ですが, Say cheese であって Tell cheese ではありません。この場合は単に「チーズ」と「言う」ことを要求していることから, say は音声を口から出すことに重点が置かれることがわかります。

　このことを踏まえて, もう一度, (5b) と (6b) をみてみましょう。まず, tell は内容を相手に伝えることに重点が置かれるため,「相手が話す内容を受け取る」ことまで含意します。そのため, (5b) の tell me anything では me（相手）と anything（話す内容）の 2 つの目的語の間に所有関係があることを表します。よって, 二重目的語構文の規則により (5b) の tell の二重目的語構文は許されます。一方, say は音声を口から出すことに重点が置かれるため,「相手が話す内容を受け取る」ことまでは含意しません。そのため, (6b) の say me anything では me と anything の 2 つの目的語の間に所有関係があることを表しません。よって, 二重目的語構文の規則により (6b) の say の二重目的語構文は許されないことになります。このように, 語の意味の違いによって, 二重目的語構文になるかどうかが決まる場合があります。

　さらに,「語のルーツ」が関係してくる場合もあります。次の例をみてください。

(9)　a. He told Mary a joke. (彼はメアリーに冗談を言った)
　　　b. *He *reported* Bill the news.
　　　(cf. He *reported* the news to Bill. (彼はビルにそのニュースを報告した))

先ほどみたように，tell は「内容を相手に伝える」ことに重点が置かれるため，(9a) のように二重目的語構文で使われます。一方，(9b) の report も「報告内容を相手に伝える」という意味なので，(9a) の tell と同じように 2 つの目的語の間に所有関係が成り立つはずですが，(9b) のように二重目的語構文を使って reported Bill the news とは言えません。この理由は report の語源にあります。歴史的にみると，二重目的語構文は古英語でよく使われていた文であり，ゲルマン語起源の本来の英語の動詞 (give ／ send ／ tell ／ sell ／ buy など) が二重目的語構文で使われる傾向にあります。これに対して，(9b) の report のようにフランス語から入ってきたラテン語起源の動詞は，英語で昔から使われている二重目的語構文とは馴染まない傾向にあります。

　もう 1 つ，例をみておきましょう。

(10) a. John gave Sam money. (ジョンはサムにお金をあげた)
　　 b. *John *donated* the church money.
　　　 (cf. John donated money to the church. (ジョンは教会にお金を寄付した)

(10a) のように give は二重目的語構文になりますが，give と同じような意味をもつ (11b) の donate は二重目的語構文にはなりません。これは，donate が二重目的語構文とは馴染まないラテン語起源の動詞だからです。このように，二重目的語構文では語源も考慮に入れる必要があります。

　同じような意味をもつ動詞が必ずしも同じ文で使われるわけではありません。動詞がどのような文で使われるかに関しては，文の規則や語の意味の違い，さらには語源なども関わってくるのです。

第4章
会話の規則にまつわる疑問

― 語用論 ―

Well, the milkman has come. それで，時刻がわかるのかい？

ポール・グライス（「含みの理論」を提唱）

4.1 量の規則

次の文からメアリーの子どもは4人だけとみなしてよいで
しょうか？
Mary has four children.

　海外にいる友人からメールが届きました。そのメールの中に
Mary has four children.（メアリーには4人の子どもがいる）という
文がありました。「あの幼かったメアリーがもうお母さんなん
だ」という感慨とともに、「4人もお子さんがいるのか」と私は
少しうらやましくなりました。

　私はこの文を読んで、すぐに「メアリーには4人の子どもがい
る」と思いました。しかし、たとえメアリーに子どもが10人い
たとしても Mary has four children. という表現が嘘をついている
とはいえないでしょう。というのも、「子どもが10人いる」は
「子どもが4人いる」ことを含んでいる（含意している）からで
す。ですから「子どもが10人いる」可能性は、理屈の上では十
分にあり得るのです。しかし、そうはいっても、Mary has four
children. と言われて、子どもの数が4人という以外は実際には
考えられません。どうして4人以外は考えられないのでしょうか。

　その理由は、聞き手（あるいは読み手）というものは、話し手
（あるいは書き手）が以下のような会話の規則（量の規則）を
守っていると信じて話を聞くものだからです。

　量の規則：会話での情報の提供は、多すぎても少なすぎてもい
　けなく、ちょうどでなければならない。

友人は、メアリーの子どもが3人以下でもなければ5人以上でも
なく、ちょうど4人だったので、量の規則を守り Mary has four
children. と書いたはずです。読み手である私は、そのように信

じたからこそ「メアリーには 4 人の子どもがいる」と解釈したのです。

量の規則が関わっているほかの例をみてみましょう。

(1)　The flag is white.（その旗は白い）

(1) の文を見た（あるいは聞いた）人は，おそらくその旗の色が白の 1 色であると考えるでしょう。では，なぜそのように考えるのでしょうか。もし，その旗に白以外にも赤や青や黄色が含まれていたとしたら，書き手（あるいは話し手）は旗には白以外にも赤や青や黄色が含まれているという情報を伝えるはずです。しかし，(1) の文には実際そういった情報は現れていません。必要な情報は (1) の文中で過不足なく伝えられているはずだと考えると，旗の色は白の 1 色だと結論付けられます。つまり，書き手が量の規則を守って (1) を書いていると読み手が信じるからこそ，読み手は旗の色が白一色だと判断するのです。このことから，(1) を解釈する際にも量の規則が関与していることがわかります。

一般的に話し手は量の規則を守って会話に参加することが求められていますが，その原則をわざと違反することで「笑い」を生み出すことができます。次の会話をみてみましょう。

(2)　John：Where were you born?（お生まれはどちら？）
　　　Mary：In a hospital.（病院）

ジョンが Where were you born? という疑問文で聞きたかったのは，どの地域（ないしは国など）で生まれたのかであり，尋ねられた人はそのことについて過不足なく答えることが求められています。ところが，メアリーは In a hospital とだけしか答えておらず，答えとしての情報量は明らかに少ないと思われます。つまり，メアリーの答えは量の規則を守っているとは到底いえません。したがって，(2) のジョンとメアリーの会話は，一般的には望まし

い会話とはいえません。しかし，ジョンの質問に対するメアリーの答えが量の規則をわざとやぶっていると考えることで，(2) の会話は一種の笑い話，すなわち 1 つのジョークとして理解されるのです。

　次の例も量の規則が守られていないことから生じるジョークです。

(3)　Mother：Why are you wearing only one glove, Ray? Did
　　　　　　　you lose one?
　　　　　　　（レイ，どうして手袋を片方しかはめていないの？なく
　　　　　　　しちゃったの？）

　　　Ray：No, I found one.（ちがうよ。片方だけみつかったんだよ）

レイのお母さんはレイが手袋を片方しかはめていないのを見て，レイに質問しました。もちろん母親が知りたかったのは，レイが片方の手袋をなくしてしまったのかどうか，です。したがって，量の規則に沿った答えとしては，たとえば Yes, I lost it.（うん，なくしちゃったの）などという答えが適切でしょう。しかし，レイは No, I found one. と答えています。レイの答えから推測するに，《レイは手袋を両方なくしてしまったけれど，そのうち片方がみつかったので片方だけをはめている》という状況なのでしょう。この《　》の説明をすべて省略してしまったレイの返答は，明らかに量の規則をやぶっています。したがって，(3) のお母さんとレイの会話は，通常の会話としては望ましいとはいえません。しかし，1 つのジョークとしてなら十分成り立つと考えられます。

　量の規則をやぶっているジョークの例をもっとみてみましょう。

(4)　Brian：I'm very tired. I was up till midnight doing my
　　　　　　homework.（僕はとても疲れているんです。夜の 12 時
　　　　　　まで宿題をやっていたんです）

　　　Teacher：What time did you begin?

（君は宿題を何時に始めたんだい）

Brian：At eleven fifty-five at night.（夜の 11 時 55 分です）

（4）はブライアンと先生の会話です。まず，ブライアンが I'm very tired. I was up till midnight doing my homework. と発言しました。この発言は，「夜の 12 時まで宿題をやっていたので，今とても疲れている」ということを意味しています。この発言に対して先生がブライアンに質問しました。ここまでは，とくに何ら問題がない（と思われる）会話です。しかし，先生の質問に対するブライアンの返答によって，最初のブライアンの発言が量の規則をやぶっていたことがわかります。というのも，最初のブライアンの発言では「《いつから》夜の 12 時まで宿題をやっていた」の《いつから》については触れられていませんでしたが，2 回目の発言で「夜の 11 時 55 分から」ということが判明しました。このことから，ブライアンは「たった 5 分しか勉強をしていなかった」ことがわかります。つまり，ブライアンは夕方から夜の 12 時までずっと勉強をしていたわけではなく，たった 5 分しか勉強しておらず，その勉強が終了した時刻が夜の 12 時だったということです。ブライアンの最初の発言は，「たった 5 分しか勉強をしていなかった」ことが伝えられていなかったため，量の規則をやぶっていたことになります。しかし，量の規則をやぶっていたことが読者に笑いを与え，（4）を 1 つのジョークとして成立させているのです。

次の会話もまた量の規則をやぶっていることでジョークとなっている例です。

（5）　Michael：What sort of a crime did you commit?
　　　　　（君はどんな罪を犯したのかね）
　　　Prisoner：I killed my wife.（妻を殺したんだ）
　　　Michael：How long will you be in prison?

（服役の期間はどれくらいになるんだい）

Prisoner：A month.（1 か月さ）

Michael：Only a month in prion for killing your wife?
（えっ，妻を殺したのにたったの 1 か月なのかい）

Prisoner：That's right. Then I get hanged.
（そうだよ。それから，絞首刑になるのさ）

　マイケルと囚人が旧知の仲という設定で（5）の会話をみてみましょう。1 回めにマイケルが尋ねます。それを受けて囚人が答えます。2 回めにマイケルが How long will you be in prison? と尋ねます。それに対して囚人が A month. と答えます。ここまでは量の規則の違反はまったくない（ようにみえます）。というのも，マイケルの質問に対して囚人は必要な量の情報を答えている（ようにみえる）からです。しかし，続くマイケルの 3 回めの質問 Only a month in prison for killing your wife? から話が急展開します。マイケルのこの発言は，囚人の犯した罪は非常に重いのに，それに対する刑があまりにも軽いと思ったことから発せられたものであり，きわめて自然な発言だと思われます。この発言に対して囚人は That's right. Then I get hanged. と答えています。この答え自体は，直前のマイケルの質問に適切に答えていて何ら問題はありません。しかし，ここで重要となるのは，囚人のこの答えによって，囚人の 2 回目の発言 A month. の情報量が不足していたことが明らかになるということです。もし囚人の 2 回目の発言で「牢屋にいる期間は 1 か月だが，その後絞首刑になる」ことが伝えられていたとしたら量の規則は守られていたことになりますが，そのような情報は伝えられていなかったため量の規則が守られていなかったことになります。もちろん，そのような情報を囚人の 2 回目の発言の際に伝えてしまったら，（5）はジョークとしてはまったく成立しなくなります。つまり，量の規則をわざとやぶっているからこそ，（5）がジョークとして成立しているのです。

4.2 関連性の規則

> 「何時ですか?」と聞いたら次の文のように返ってきました。
> どういう意味ですか? Well, the milkman has come.

　英語で Can you tell me the time? (何時ですか) と聞かれて,
It's 6 o'clock. (6時です) と答えることはあります。では,次の
ような会話を聞いたことはありますか。

　　(1)　John：Can you tell me the time? (何時ですか)
　　　　　Mary：Well, the milkman has come.
　　　　　　　　(ええと,牛乳配達員はもうきたけどね)

　(1) でジョンは現在の時刻を尋ねているのに,それに対してメ
アリーは現在の時刻を直接的に答えてはおらず,一見関係のない
ことを述べているように思われます。しかし,もしジョンとメア
リーの両方が牛乳配達員が家に配達にくる時刻を知っていれば,
(1) の会話は成り立ちます。その理由は,聞き手というものは,
話し手が次のような会話の規則 (関連性の規則) を守っていると
信じて話を聞くものだからです。

　関連性の規則：関係のないことを言ってはいけない。

　(1) でジョンは,メアリーが関連性の規則を守り Well, the
milkman has come. と答えたと信じています。つまり,ジョンは
the milkman has come. が現在時刻と関係があると考えます。た
とえば配達員が毎朝6時に牛乳を配達しに家にくることをジョン
とメアリーが知っていれば,ジョンはメアリーの答えを現在時刻
と関連付けて考えようとするので,「もう6時を過ぎている」と
解釈し,(1) の会話が成り立つことになります。

関連性の規則が関わっているほかの例をみてみましょう。

(2)　Peter：Are you going to invite me to your party?
　　　　　（あなたはパーティーに私を招待するつもりですか）

　　　Mary：No, I'm only inviting nice people.
　　　　　（いいえ，私はいい人しか招待しないの）

　(2) では，ピーターの Are you going to invite me to your party?
の質問に対して，メアリーが No と答えています。メアリーが
ピーターの質問に対して No ときちんと答えていることから，
「ピーターがパーティーにメアリーを招待するつもりがないこ
と」がはっきりとわかります。この会話の中でとくに重要なのは，
メアリーの I'm only inviting nice people. という発言です。この発
言は一見ピーターの質問に対する答えとは関係がないように思わ
れますが，関連性の規則を守っていると捉えると，「ピーターは
いい人ではないからパーティーには招待しない」という意味にと
ることができます。つまり，I'm only inviting nice people. は，
「ピーターをパーティーに招待しない理由」と解釈することがで
きるのです。

　次の会話で関連性の規則が守られているかどうか考えてみま
しょう。

(3)　Peter：Would you like some coffee?
　　　　　（コーヒーでもいかがですか？）

　　　Mary：I have to go to a lecture.
　　　　　（講義に出なきゃいけないんで）

　(3) でピーターが Would you like some coffee? と発言したのに
対して，メアリーが I have to go to a lecture. と発言しています。
メアリーの発言はピーターの発言とは一見関係がないように思わ
れます。しかし，メアリーが関連性の規則を守って発言したとす
ると，「コーヒーを飲んでいる時間なんてない」と解釈すること

ができます。関連性の規則を利用することによって，メアリーは
ピーターの誘いに対して角が立ついい方（直接的に No を言うこ
と）をとらずに，《婉曲的に断る方法》をとることが可能となる
のです。

つぎに，この原則をわざとやぶっている例をみてみましょう。

(4) John : I do think Mrs. Jenkins is an old windbag, don't
you?（ジェンキンズ夫人って，おしゃべりばあさんです
よね）

Mary : Huh, lovely weather for March, isn't it?
（やあ，3月にしてはいい天気だね）

(4) でジョンが I do think Mrs. Jenkins is an old windbag, don't
you? と発言したのに対して，メアリーが Huh, lovely weather for
March, isn't it? というようにまったく関係のない話をしています。
メアリーの発言は関連性の規則を完全にやぶっていると考えられ
ます。メアリーの発言の本当の意図は何でしょうか。メアリーは
関連性の規則を完全にやぶった，まったく関係ない話をすること
で，会話を強制終了したと考えられます。つまり，メアリーの発
言はジョンに対して，「この話題はもうやめよう。ジェンキンズ
夫人の話はもう終わりにしよう」と訴えていることになります。
このように，関連性の規則をやぶることで《現在の話題の中止》
を伝えることもできるのです。

関連性の規則をあえてやぶることによって，発言の中には表さ
れていない，さまざまな《言外の意味》を表すこともできます。
次の会話をみてみましょう。

(5) Johnny : Hey, Sally. Let's play marbles.
（ねえ，サリー，おはじきをして遊ぼうよ）

Mother : How is your homework getting along, Johnny?
（宿題はどうなっているの？ジョニー）

（5）でジョニーが Hey, Sally. Let's play marbles. と発言したのに対して，ジョニーのお母さんが How is your homework getting along, Johnny? と発言しています。お母さんの発言はジョニーの発言とは関係がないと思われます。つまり，お母さんの発言は関連性の規則をやぶっていると考えられます。お母さんは関連性の規則をあえてやぶることで，宿題もせずに遊ぼうとしているジョニーをとがめているのです。このように，関連性の規則をあえてやぶることで，《とがめ》の意味を表すこともできるのです。

　ここまで関連性の規則がさまざまな場面に関わっていることをみてきました。実は，関連性の規則はジョークの世界でも重要な役割をはたしています。次の会話をみてみましょう。

（6）　Teacher：Now, class, name two pronouns.
　　　　　　　（さあ，誰か代名詞を2つ挙げてごらん）
　　　Bill：Who, me?（誰，ボク）
　　　Teacher：Very good.（とてもよくできました）
　　　Bill：Huh??（えっ）

（6）では先生が学生に Now, class, name two pronouns と質問したのに対して，ビルが Who, me? と反応しました。その反応に対して先生が Very good. と褒め，何で褒められたのかがわからないビルは Huh?? となりました。この会話で関連性の規則がどのように関わっているのかみてみましょう。まず，先生が学生に代名詞を2つ挙げるように求めました。そうしたところ，ビルは先生が求めた意味で Who, me? と発言したわけではありませんでしたが，先生はビルの発言が関連性の規則に従っていると捉え，質問の答えだと判断しました。Who も me もどちらも代名詞で正解なので，先生は Very good. と言ったというわけです。（6）の会話の背後に関連性の規則があるからこそ，このジョークが成り立っているのです。

関連性の規則が関わるジョークをもう1つみてみましょう。

(7) Teacher：I was able to read one of the essays you wrote for your homework assignment, but the other one is very poorly written.（きみが宿題で書いてきたエッセーだけど，1つはまあ読むことができたが，もう1つのほうはまったくダメだな）

Susan：Yes, sir. My mother is a much better writer than my farther.（その通りです。母は父よりはるかに文章を書くのが上手なんです）

(7) では先生がスーザンに I was able to read one of the essays you wrote for your homework assignment, but the other one is very poorly written. と言いました。それに対してスーザンは Yes, sir. My mother is a much better writer than my farther. と応えました。スーザンの応えは一見すると先生の発言とは何の関連性もないように思われます。しかし，(7) の会話を聞いた聞き手は，

(7) は関連性の規則が守られている会話であり，スーザンの発言は2本のエッセーと何らかの関連性があるはずだと判断します。そして，聞き手は，スーザンが宿題として書いてきた2本のエッセーはスーザン本人ではなくスーザンの両親が書いたものだとわかるのです。(7) のジョークもまた，背後に関連性の規則があるから成り立っているのです。

4.3 アクセントの規則

下の英語，どの単語を一番強く読めばいいですか？
a black board

　みなさんは英単語のアクセントの位置がわからない場合どうしますか？近くに英語の先生がいたら，その先生に聞くのが一番早いでしょう。しかし，先生がいないときには辞書に頼るしかないでしょう。たとえば「黒板」を意味する blackboard のアクセントの位置がわからないとしましょう。blackboard を辞書で調べると（1）のような発音記号が書かれていると思います。

　（1）blackboard /blǽkbɔːrd/

上の発音記号で注目してほしいのは æ の上についている記号（ˊ）です。この記号はアクセントを表していて，その記号がついた母音は他の母音よりも強く発音されます。一般的に単語は辞書を引けばアクセントの位置がわかります。では，単語ではなく，a black board のような名詞句（形容詞＋名詞）のアクセントの位置がわからない場合は，どうしたらよいのでしょうか。

　名詞句のアクセントの位置は辞書を調べても載っていません。しかし，名詞句のアクセントには次のような規則があるので，その規則を知っていれば正しいアクセントで発音できます。

　名詞句のアクセントの規則：名詞にアクセントを置く。

では，a black board を例にしてこの規則を説明していきます。形容詞の black と名詞の board にはそれぞれアクセントがあります。アクセントが置かれる位置に目印として ˊ をつけてみましょう。

(2)　a bláck bóard（黒い板）

　(2) では，black の a と board の o の上にそれぞれ´がついています。(2) 名詞句のアクセントの規則を適用してみましょう。a black board の中で名詞は board だけですので，board の o にアクセントが置かれます。つまり，名詞句のアクセントの規則によって名詞にアクセントが追加される形になります。すると (3) のように board の o の上に´が 2 つつくことになります。

(3)　a bláck bőard

´の数が多い母音ほど相対的にアクセントが強くなると考えます。そうすると，black より board のほうがアクセントが強いことになります。つまり，a black board は，board の o を最も強く発音し，それより少し弱く black の a を発音すると，正しいアクセントになります。

　ここで，(1) の blackboard の例をもう一度考えてみましょう。blackboard は black と board が合わさってできた複合語です。英語には次のような複合語のアクセントの規則があります。

複合語のアクセントの規則：名詞の左側にアクセントを置く。

複合語のアクセントの規則が名詞句のアクセントの規則と決定的に違うのは，名詞句の規則では名詞自身にアクセントが置かれるのに対して，複合語の規則では名詞自身ではなくその左側の単語にアクセントが置かれるということです。black と board のもともとのアクセントの位置は (2) で示した通りです。(2) に複合語のアクセントの規則を適用すると (5) のようになります。

(4)　a bláckbóard

black と board のうち名詞は board ですから，複合語の規則に

従ってその左側の black にアクセントが置かれます。その結果，
（4）のように black の a に´が2つつくことになります。´の数から，black のほうが board よりアクセントが強いことがわかります。つまり，a blackboard は，black の a を最も強く発音し，それより少し弱く board の o を発音することで，複合語（黒板）として正しいアクセントになります。

　名詞句の規則との複合語の規則がわかったところで，他の例でもそれらの規則が適用できるかみてみましょう。

（5）　a. a gréen hóuse（緑の家）　a gréenhóuse（温室）
　　　b. a gránd fáther（偉大な父）　a grándfáther（祖父）
　　　c. a géntle mán（優しい人）　a géntlemán（紳士）

（5a）では，green の e と house の o にそれぞれ´がついています。まず，左側の a green house は名詞句ですので，名詞句の規則が適用され，名詞の house の o にアクセントを表す´がもう1つ加わります。この結果，´の数から，house のほうが green よりアクセントが強いことがわかります。つまり，a green house は，house の o を最も強く発音し，それより少し弱く green の e を発音すると正しいアクセントになります。一方，右側の a greenhouse は複合語ですので，複合語のアクセントの規則が適用され，名詞の左側の green の e に´がもう1つつくことになります。この結果，´の数から，green のほうが house よりアクセントが強いことがわかります。つまり，a greenhouse は，green の e を最も強く発音し，それより少し弱く house の o を発音すると正しいアクセントになります。

　つぎに，（5b）では，grand の a と father の a に´がそれぞれついています。まず，左側の a grand father は名詞句ですので，名詞句の規則が適用され，名詞の father の a に´がもう1つつきます。この結果，a grand father は，father の a を最も強く発音し，それより少し弱く grand の a を発音すると正しいアクセントにな

ります。一方，右側の a grandfather は複合語ですので，複合語の規則が適用され，名詞の左側の grand の a に´がもう 1 つつきます。この結果，a grandfather は，grand の a を最も強く発音し，それより少し弱く father の a を発音すると正しいアクセントになります。

最後に，（5c）では，gentle の e と man の a に´がそれぞれついています。まず，左側の a gentle man は名詞句ですので，名詞句の規則が適用され，man の a に´がもう 1 つつきます。この結果，a gentle man は，man の a を最も強く発音し，それより少し弱く gentle の e を発音すると正しいアクセントになります。一方，右側の a gentleman は複合語ですので，複合語の規則が適用され，名詞の左側の gentle の e に´がもう 1 つつきます。この結果，a gentleman は，gentle の e を最も強く発音し，それより少し弱く man の a を発音すると正しいアクセントになります。

これまでのことから，名詞句のアクセントの規則と複合語のアクセントの規則を知っていると，発音するときに大変役に立つということがわかったかと思います。実は，聴くときにも非常に役に立つのです。たとえば，（5c）の名詞句の a gentle man と複合語の a gentleman を例にして説明しましょう。名詞句の a gentle man は文字にすると gentle と man が「分かち書き」になっていますが，複合語の a gentleman は gentle と man が「分かち書き」になっていません。しかし，音声では「分かち書き」がなされているかどうかは当然みえません。このとき重要になるのが，名詞句のアクセントの規則と複合語のアクセントの規則です。これらの規則を知っていれば，gentle よりも man に強いアクセントが置かれている場合には名詞句の規則が適用されていると考えられるので，「優しい人」の意味であることがわかり，一方，gentle のほうが man より強いアクセントが置かれている場合には複合語のアクセントの規則が適用されていると考えられるので，「紳士」の意味であることがわかるのです。

4.4 リズムの規則

次の2つでは男女の順序が違うのはなぜですか？
ladies and gentlemen ／ men and women

　スピーチの冒頭で「紳士淑女のみなさん」というときに，英語では ladies and gentlemen という表現を使うことがよくあります。この表現では，「女性」が先にきて「男性」が後に続きます。「レディーファースト」という文化が表現にも現れているようです。しかし，一方で「男女」という場合には men and women のように「男性」が先にきて「女性」が後に続く表現が一般的に使われています。どうして ladies and gentlemen では「女性」が先にきて，men and women では「男性」が先にくるのでしょうか。

　実は，この問題を解くカギは英語のリズムが握っています。英語の単語の内部には，強く読む部分（つまりアクセントが置かれる部分）とアクセントが置かれない部分があります。たとえば，ladies では la にアクセントが置かれるのに対して，dies にはアクセントが置かれません。アクセントが置かれる部分に S（= strong）という記号を，アクセントが置かれない部分に W（= weak）という記号をつけると，ladies は（1）のようになります。なお「・」は音節の切れ目を表しています（音節の位置は英語の辞書に載っています）。

(1)　la・dies
　　　S　W

　（1）では，ladies の la にアクセントが置かれている一方で，dies にはアクセントが置かれていないことが示されています。英

語は最初にSがきて，そのSにWが続くリズムをとくに好みます。それは，英語には（2）のようなリズムの規則があるからです。

英語のリズムの規則：SW という流れにせよ

この規則では，英語が SW ／ SW ／ … のような流れを好むことが示されています。なお，W は複数続くこともあり，SWW ／ SWW ／ … のような流れになってもかまいません。いずれにしても大切なのは，Sの後にWが続くリズムが望ましいということです。

これまでの話を念頭に置いて，（3）のペアをみてみましょう。

(2)　a. la·dies and gen·tle·men
　　　S　W　W　　S　　W　W

　　　b. gen·tle·men and la·dies)
　　　S　W　W　W　S　W

（2a）には ladies and gentlemen のリズムのパターンが，（2b）には gentlemen and ladies のリズムのパターンがそれぞれ示されています。（2a）のパターンは SWW ／ SWW となっていてリズムの規則に適ってリズミカルです。その一方，（2b）のパターンは SWWW ／ SW となっていて W の現れ方が整っていなくリズムが少し悪くなっています。このため，よりリズミカルな（2a）の ladies and gentlemen の語順が選ばれることになります。

では，men and women の例はどうでしょうか。

(3)　a. men and wo·men
　　　S　W　　S　W

　　　b. wo·men and men
　　　S　W　W　S

（3a）には men and women のリズムのパターンが，（3b）には women and men のリズムのパターンがそれぞれ示されています。

（3a）のパターンは SW / SW となっていて（2）の規則に適っていてリズミカルですが，（3b）のパターンは SWW／S となっていてやはり W の現れ方が整っていなくリズムが少し悪くなっています。このため，よりリズミカルな（3a）の men and women の語順が選ばれることになります。以上の理由で，ladies and gentlemen では ladies（＝女性）のほうが先にくるのに対し，men and women では men（＝男性）のほうが先にくるのです。残念ながら「レディーファースト」という理由ではありませんでした。

ところで，日本語の「お茶かコーヒー」と「コーヒーかお茶」ではどちらがリズミカルに聞こえますか。答えるのは難しいですよね。英語の母語話者は一般的に tea or coffee の語順のほうがリズミカルだと判断します。

（4）　a. tea or cof·fee
　　　　　 S W　 S W

　　　 b. cof·fee or tea
　　　　　 S W W S

（4a）には tea or coffee のリズムのパターンが，（4b）には coffee or tea のリズムのパターンがそれぞれ示されています。

（4a）のパターンは SW / SW となっていて英語のリズムの規則に適っていてリズミカルですが，（4b）のパターンは（3b）と同様に SWW / S となっていてリズムが少し悪くなっています。このため，よりリズミカルな（4a）の tea or coffee の語順が選ばれることになります。

これまでの例では単語と単語が等位接続詞の and や or で結ばれていました。しかし，リズムの規則はそれ以外のものにももちろん当てはまります。次の例をみてみましょう。

(5)　a. such a pret·ty girl
　　　　 S　 W　 S W　S

　　　b. a such pret·ty girl
　　　　 W S　　 S W S

　(5a) は「とてもかわいい少女」の意味を表す表現です。副詞の
such が冠詞の a を飛び越えて形容詞の pretty を修飾しています。
この形をとっている理由は，実はリズムです。(5a) のリズムの
パターンをみると SW ／ SW ／ S とリズムの規則に適っていて
リズミカルになっています。一方，such が a の右側にきている
(5b) では WSSWS のように途中で S が連続してしまい，SW ／
SW のようなリズミカルな流れにはなっていません。(5b) のよ
うなアクセントが連続する形（以降「アクセントの衝突」）を避
けるために，あえて (5a) のような語順がとられているのです。
　アクセントの衝突を避けて，リズムの規則にあうようにするた
めに，英語の母語話者は，もっと大胆な作戦に出ます。それは，
各単語がもともともっていた**アクセントの位置をずらしてしまう**
という作戦です。

(6)　thir·teen men　→　thir·teen men
　　　 W S　　 S　→　 S　W　 S

　(6) は「13 人の男性」という意味です。thirteen はもともと
teen にアクセントがあります。しかし，thirteen の後ろに men
を続けると，teen の S と men の S との間でアクセントの衝突が
起こってしまいます。この衝突を避けるために英語の母語話者は，
もともと teen に置かれていたアクセントをその前の thir にずら
します。その結果，thir の部分が強く読まれるようになります。
アクセントをずらすことによって，(6) の右側で示したように，
SW ／ S のようなリズミカルな流れに変えることができるのです。
　ほかの例もみてみましょう。

(7)　com・plex rea・sons → com・plex rea・sons
　　　W　　S　　S　W　　→　S　　W　　S　W

　(7) は「複雑な理由」という意味です。complex はもともと
plex にアクセントがあります。しかし，complex の後ろに
reasons が続くと，plex と rea との間に SS というアクセントの
衝突が起こってしまいます。この衝突を避けるために英語の母語
話者は，もともと plex に置かれていたアクセントをその前の
com にずらしました。その結果，com の部分が強く読まれるよ
うになりました。アクセントをずらすことによって，(7) の右側
で示したように，SW ／ SW のようなリズミカルな流れに変える
ことができたのです。

　最後に，good old days のリズムを考えてみましょう。

(8)　good old days → good old days
　　　S　　S　　S　　　　S　　W　　S

　(8) は「古き良き時代」という意味です。(8) の左側では good
にも old にも days にもアクセントが置かれています。このまま
のパターンでは，アクセントの衝突が起こってしまい英語のリズ
ムの規則に違反します。アクセントの衝突が起きないようにする
ためには，S や W の配置をどのように変えたらよいのでしょうか。
たとえば，good の S を W にしてみましょう。そのように変えて
も WSS となり，アクセントの衝突が回避されません。また，
days の S を W に変えても SSW となり，アクセントの衝突は回
避されません。残る方法は，old の S を W に変える方法です。
この方法をとれば SWS となり，アクセントの衝突を回避できま
す。このように英語の母語話者は，もともとのアクセントの強弱
をあえて変えることによってアクセントの衝突を回避し，リズム
の規則を守ろうとしているのです。

4.5 縮約の規則

次の文で I've ... とはできないといわれました。なぜですか?
Should I have called the police?

　会話では発音をなるべく簡略化しようとします。たとえば，I have eaten all the candy.（私はキャンディーをすべて食べてしまった）と言うところを I've eaten all the candy. と言ったりします。このように have を 've にするような簡略化を《縮約》とよんでいます。これから have を例に使って，縮約について詳しくみていきます。

　まずは，一般的にどのような場合に縮約ができるかをみていきましょう。

(1)　a. I have forgotten to lock the door.（ドアのカギを閉め忘れた）
　　　b. I've forgotten to lock the door.

(2)　a. You have done your duty.（あなたは自分の義務をはたした）
　　　b. You've done your duty.

(3)　a. We have saved you a place.
　　　　（私たちはあなたに場所を確保してやった）
　　　b. We've saved you a place.

(4)　a. They have completed the project.
　　　　（彼らはそのプロジェクトを完了した）
　　　b. They've completed the project.

　(1a) の I have は (1b) の I've のように縮約することができます。また，(2a) の You have も (2b) の You've のように縮約することができます。同様に，(3a) の We have も (3b) の We've のように縮約することができますし，(4a) の They have も (4b) の They've のように縮約することができます。これらのこ

とから，代名詞の I, you, we, they が主語にきているときは have
が縮約できることがわかります。

今度は次の例をみてみましょう。

(5)　a. You have been causing quite a stir.

　　　（あなたはかなり話題になった）

　　b. You've been causing quite a stir.

(6)　a. Pictures of you have been causing quite a stir.

　　　（あなたの絵はかなり話題になっている）

　　b. *Pictures of you've been causing quite a stir.

(5a) では，先ほど (2) の例でもみたように，代名詞の you が
主語にきていますので，(5b) のように have が縮約できます。

(6a) はどうでしょうか。(6a) の you は主語の pictures of you
の一部ですが，単独で主語というわけではありません。このよう
な場合には (6b) のように you've とは縮約できません。

次に，どのような have なら縮約ができるかをみてみましょう。

(7)　a. They have seen a ghost.（彼らは幽霊を見た）

　　b. They've seen a ghost.

(8)　a. They have their car serviced regularly.

　　　（彼らは車を定期的に点検に出していた）

　　b. *They've their car serviced regularly.

(7a) の have は完了の助動詞です。後ろに動詞の過去分詞が続
いているからです。このように have が助動詞の場合には (7b)
のように縮約することができます。次に，(8a) の have ですが，
have の後ろに目的語と動詞の過去分詞が続いています。このこ
とから，この have は助動詞ではなく使役を表す動詞ということ
がわかります。have が動詞の場合には (8b) のように縮約する
ことができません。

これまでみてきたことをまとめると，以下のようになります。

(9) have の縮約が可能な場合

 a. 主語代名詞（I, you, we, they）の後ろにある have（cf. (1) — (4)）

 b. 単独の主語の後ろにある have（cf. (5)）

 c. 助動詞の have（cf. (7)）

have の縮約が可能な場合は，have が主語代名詞の後ろにあり（＝ (9a)），かつその主語代名詞が単独で主語をなしていて（＝ (9b)），かつ have が助動詞である場合（＝ (9c)）です。英語の母語話者は，普段の会話で have を 've のように縮約することがとても多いのですが，(9) の条件をすべて満たした上で縮約しているのです。

 では，(9) の条件をすべて満たしていれば，have は必ず縮約することができるのでしょうか。次の例をみてみましょう。

(10) a. They may have left already.（彼らはすでに出発したかもしれない）

 b. *They may've left already.

(10a) の主語は they で，しかも単独の主語です。have は完了の助動詞です。したがって，(9) の「have の縮約が可能な場合」の条件はすべて満たされています。ところが，(10b) のように have を縮約すると非文法的になってしまいます。これはなぜでしょうか。(10a) をよくみると，they と have の間に may がはさまっていることに気づきます。この may が they と have の縮約を邪魔しているのです。have の縮約には (11) のようなとても重要な規則があります。

have の縮約の規則：have は主語と隣接していなければならない。

(10a) で have と主語（they）は間に may があるため隣接して

いません。したがって，上の規則に違反して（10b）が非文法的になっているというわけです。

では，次の例はどうでしょうか。

(11) a. I could have been playing tennis, and you could have been playing football.（私はずっとテニスをしていられただろうし，あなたもずっとサッカーをしていられただろう）

b. I could have been playing tennis, and you ~~could~~ have been playing football.

c. *I could have been playing tennis, and you've been playing football.

（11a）は文と文が and によって等位接続された文です。後半にある could ですが，これは（11b）のように省略することができます。could が省略されると you と have が見た目には隣接しているので（11）の条件が満たされ，（11c）のように have の縮約ができるはずです。ところが実際には（11c）は非文法的です。実は，英語の母語話者は省略された could をまだ「感じている」のです。すなわち，英語の母語話者は（11c）をあたかも（11b）のように「感じていて」，それが you と have の縮約の邪魔をしているのです。

次の例をみてみましょう。

(12) a. She insists that they have completed the job.（彼女は彼らがその仕事をやり終えたと主張している）

b. She insists that they've completed the job.

(13) a. She insists that they have completed the job by 10：00 today.（彼女は彼らが今日の10時までにその仕事をやり終えるよう要求している）

b. *She insists that they've completed the job by 10：00 today.

(12) と (13) の違いは直接法と仮定法の違いです。(12a) の insist は「主張する」の意味で that 以下は直接法です。この場合 they と have を縮約して (12b) のように they've とすることができます。一方，(13a) の insist は「要求する」の意味で that 以下は「仮定法現在」です。一般的に仮定法現在では，they と have の間に should が隠れているとされています。英語の母語話者はこの「should」を「感じて」います。具体的には，they ~~should~~ have という連鎖を「感じて」いるのです。この連鎖では they と have が隣接していないので，(13b) のように they've とすることができないのです。

　最後に次の例をみてみましょう。

　(14) a. Should I have called the police? (私は警察を呼ぶべきだったのですか)

　　　b. *Should I've called the police?

　(15) a. 　　　I should have called the police.

　　　b. Should I ~~should~~ have called the police?

　(14a) では主語の I と助動詞の have が隣接しているようにみえます。ですから，縮約の規則を破ることなく I と have は縮約できるはずです ((14a) は (9) の条件もすべて満たしています)。ところが (14b) のように縮約ができません。これはなぜでしょうか。(14a) は (15a) の平常文からつくられた疑問文です。(15a) では I と have の間にある助動詞 should が文頭に移動しています。移動後も英語の母語話者は (15b) のように元の位置の ~~should~~ を「感じている」のです。このため，(14b) のような縮約ができないのです。このことからわかるように，英語の母語話者は「消されたもの」にまで気を配りながら，主語と have が隣接しているかを常にチェックしているのです。

4.6 情報の新旧の規則

> ガラスを割った犯人がジョンだといいたいときには，John broke it. よりも It was broken by John. のほうがふさわしいと聞きました。それはなぜですか？

　ジョンが窓ガラスを割りました。このことを英語で It was broken by John. といっても John broke it. といっても，どちらも文法的です。しかし，ガラスを割った犯人がジョンだといいたいときには，John broke it よりも It was broken by John のほうがふさわしいと先生に言われたことがあります。でも，なぜ John broke it. よりも It was broken by John. がふさわしいのでしょうか？実はここに情報の新旧についての重要な規則が隠れているのです。その規則とはいったい何でしょうか？この規則の話に入る前に，そもそも《情報の新旧》とは何かについて説明をします。《情報の新旧》が自然な会話をする際にとても重要だという話をした後に，表題の疑問に答えていこうと思います。

　ではまず，《情報の新旧》とは何かについて説明していきましょう。情報には，《新情報》と《旧情報》があります。次の A さんと B さんの会話をみてみましょう。

　(1)　A：今朝は何を食べましたか？
　　　　B：今朝はパンを食べました。

　(1) の B さんのセリフに注目してみましょう。「今朝はパンを食べました」の中の「今朝は」と「食べました」ですが，A さんのセリフの中にも同じことばがあります。このように，B さんが発言する前にすでに会話に現れている情報は，B さんにとって《旧情報》となります。つまり，B さんのセリフの中の「今朝は」と「食べました」は，B さんにとって《旧情報》ということ

です。一方，Bさんのセリフの中の「パンを」ですが，Aさんの
セリフの中に同じことばはありません。このように会話に初めて
登場することば（＝「パンを」）は《新情報》ということになり
ます。

《情報の新旧》の区別は，自然な会話をする際にとても重要に
なります。次は英語の会話をみてみましょう。

(2)　A：What did you eat this morning?
　　　　　（今朝は何を食べましたか？）

　　　B1：I ate bread this morning.
　　　　　（今朝はパンを食べました）

　　　B2：Bread.（パン）

　　　B3：#This morning.（今朝）

　　　B4：#I ate.（食べた）

　(2) のAさんの質問に対して，Bさんの1のようにI ate bread
this morning. と答えてももちろんよいのですが，Bさんの2のよ
うに Bread. とだけ答えても自然な会話になります。ところが，B
さんの3のように This morning. と答えたり，Bさんの4のよう
に I ate. とだけ答えたりすると不自然な会話になります。上でみ
た日本語の例と同様に，英語でも bread は《新情報》で，this
morning と I ate はそれぞれ《旧情報》です。情報の新旧に関し
て次のような規則があります。

**会話で質問に答える際には，新情報だけで答えることはできる
が，旧情報だけで答えることはできない。**

　上の規則は，与えられた質問（＝A）に対して《新情報》だけ
で答えても自然な会話（＝B2）になりますが，《旧情報》だけで
答えると不自然な会話（＝B3，B4）になることを示しています。
　なお，この規則は英語だけにあてはまる規則ではなく，日本語
をはじめ多くの言語にあてはまる普遍的な規則と考えられていま

す。

《情報の新旧》の区別は会話の場合だけでなく，文中の語順においても重要です。次の例をみてみましょう。

(3)　a. I gave the book to a boy. （私はその本をある少年にあげた）
　　　b. #I gave a boy the book.

(3) の book には定冠詞の the がついていることから，その本はすでに会話の話題になっていたと考えられます。したがって，the book は《旧情報》ということになります。また，boy には不定冠詞の a がついていることから，boy はこれまで会話の話題にはなっていなかったと考えられます。したがって，a boy は《新情報》ということになります。(3a) は，《旧情報》を表す the book が《新情報》を表す a boy より先に現れているので，自然な語順となっています。一方，(3b) は，《新情報》を表す a boy が《旧情報》を表す the book より先に現れているので不自然な語順となっているのです。

　文中の語順は，旧情報を表すことばが新情報を表すことばより先に現れなければならない。

この文中の語順の規則も英語だけにあてはまる個別言語の規則ではなく，日本語をはじめ多くの言語であてはまる普遍的な規則と考えられています。

　ここで冒頭の英文について説明をします。窓ガラスが割れていることに気づいた「私」が Look at the window. と叫ぶと，近くにいた Mary が It was broken by John. といいました。この状況で「私」と Mary は，窓ガラスが割れていることを知っています。つまり，「窓ガラス」(the window（= it）) は《旧情報》ということになります。それに対して窓ガラスを誰が割ったのかは「私」は知りません。Mary はその犯人を知っていて John といっています。つまり，John は《新情報》ということになります。It was broken by John. では，《旧情報》を表す it が新情報を表す John より先に現れているので，情報の語順の規則を守っています。このため It was broken by John. は自然な語順となっています。では，Mary が John broke it. といった場合はどうでしょうか。この場合には，新情報を表す John が旧情報を表す it より先に現れているので，情報の語順の規則をやぶっています。このため It was broken by John. とくらべると John broke it. はやや不自然な表現となってしまうのです。つまり，Mary が John broke it. ではなく It was broken by John. といったのは，後者の語順のほうが，情報の語順の規則を守っているため，会話が自然に流れていくからです。

　情報の語順の規則は英語ではとくに意識されています，この規則を守るために次のような倒置文を用いることもあります。

(4)　A：Who walked into the room?（誰がその部屋に入ってきたの？）

　　B1：Into the room walked John.（その部屋にはジョンが入ってきました）

　　B2：#John walked into the room.

　(4) の A さんの発言から the room がすでに会話の話題になっていたと考えられます。つまり the room は《旧情報》ということになります。一方「誰がその部屋に入ってきたか」は A さんの発言からはわかりません。このことから，B さんの発言中の John は《新情報》を表しています。倒置文である B1 は，《旧情報》を表す the room が《新情報》を表す John より先に現れているので，情報の語順の規則を守っています。このため自然な語順となっています。一方，B2 は，《新情報》を表す John が《旧情報》を表す the room より先に現れているので，情報の語順の規則をやぶっています。このため B2 は不自然な語順となっているのです。

4.7 情報の重要度の規則

次の文は同じ内容のようですが違いは何でしょうか？
A woman came yesterday with blue eyes.
A woman with blue eyes came yesterday.

　たとえば，「昨日ある女性がきました。その女性は青い目をしていました」ということを伝えたいときに，英語の母語話者は A woman came yesterday with blue eyes. のように言うことがあります。この文は，私たち日本人からすると少し奇妙に感じられます。というのも，この文は a woman with blue eyes（青い目をした女性）がひと続きに述べられておらず，a woman と with blue eyes に分断されているからです。「もしかして，この文は間違いではないかしら」と思った方もいるかもしれませんが，文法的に正しい文です。また A woman with blue eyes came yesterday. も文法的には正しい英文です。しかし，「昨日ある女性がきました。その女性は青い目をしていました」ということを伝えたいときには，前者のほうがより適切なのです。それは，この文が《情報の重要度の規則》に適っているからです。では，情報の重要度とは何か，そしてその規則とは何かについて説明していきましょう。

　まず，「情報の重要度とは何か」についてお話しします。日頃私たちが話す文の中には，重要度の高い情報と重要度の低い情報が混ざっています。このうち，重要度の高い情報とは次のような情報を指します。

　話し手が聞き手にとくに伝えたい情報を「重要度が高い情報」とよぶ。

情報の重要度というのは高いか低いかの二者択一ではありません。重要度が非常に高い情報から重要度が非常に低い情報までの間には，いくつもの段階があるのです。まずは日本語を例として，情報の重要度について具体的にみていきましょう。

(1) a. 昨日メアリーを新宿駅で見かけたよ。
b. 昨日新宿駅でメアリーを見かけたよ。

(1a) と (1b) は基本的に同じ意味を表していますが，聞き手に文中のどの情報をとくに伝えたいかによって，(1a) か (1b) のどちらかが選ばれます。「昨日メアリーを見かけたが，その場所が新宿駅だった」と聞き手に伝えたい場合には (1a) が選ばれます。(1a) において重要度が高い情報は「新宿駅」です。「新宿駅」とくらべると「メアリー」と「昨日」はより重要度の低い情報ということになります。次に，「昨日新宿駅で見かけた人だが，その人はメアリーだった」と聞き手に伝えたい場合は (1b) が選ばれます。(1b) で重要度が高い情報は「メアリー」です。「メアリー」とくらべると「新宿駅」と「昨日」はより重要度の低い情報ということになります。

(1a) と (1b) では使われている単語がすべて同じなのにもかかわらず，単語のもつ重要度が異なっています。その原因は単語の並べ方，すなわち語順です。日本語では動詞の直前にくる単語が最も重要な情報をもち，動詞から離れれば離れるほど単語の重要度は低くなっていきます。黒丸が大きさで情報の重要度の高さを図示すると次のようになります。

(2) 単語 1 単語 2 単語 3 … 単語 n 動詞
　　　● 　　● 　　● 　　　　●

(2) からは日本語では単語が動詞に近づけば近づくほど情報の重要度が高くなることがわかります。

次は，情報の重要度が英語の文ではどのようになっているかを

みていきましょう。

(3)　a. John met Mary.
　　　b. John met Mary at Shinjuku station.

英語では，主語と目的語を情報の重要度でくらべた場合，一般的に主語より目的語のほうが重要度が高くなります。つまり，(3a)では主語の John よりも目的語の Mary のほうが重要度が高いことになります。ところが，Mary の後ろに (3b) のように at Shinjuku station がくると，Mary よりも Shinjuku station のほうが情報の重要度が高くなります。英語では文頭の単語が最も情報の重要度が低く，文末に近づくにつれて情報の重要度が高くなっていきます。このことを図示すると次のようになります。

(4)　単語 1 動詞 単語 2 単語 3 … 単語 n

　　　　●　　　　　　●　　●　　　　　　⬤

(4) の図でも (2) の図と同様に，黒丸が大きいほど情報の重要度が高いことを表しています。つまり，英語では単語が文末に近づけば近づくほど情報の重要度が高くなるのです。ここで，(2)と (4) をくらべてみてください。(2) と (4) から動詞を外すと，どちらも文頭の単語が最も重要度が低く，文末に近づくにつれて重要度が高くなっていることに気づきます。つまり，日本語も英語も情報の重要度に関しては，次のような規則に従っている，ということになります。

　情報の重要度に関する規則：文頭の単語が情報の重要度が最も低く，文末に近づくにつれて情報の重要度が高くなる。

この規則を踏まえて，冒頭の文について改めて考えてみたいと思います。

(5)　A woman came yesterday with blue eyes.

(6)　A woman with blue eyes came yesterday.

　(5) と (6) のうち，「昨日ある女性がきました。その女性は青い目をしていました」ということを伝えたいときには (5) が選ばれます。(5) で最も伝えたい情報は with blue eyes です。(5) では with blue eyes が情報の重要度が最も高い文末にきているので，伝えたいことと語順がピッタリ合っています。

　次に，「青い目をした女性に会いました。それは昨日のことでした」ということを伝えたいときには (6) が選ばれます。(6) で重要度が高い情報は yesterday です。(6) では yesterday が情報の重要度が最も高い文末にあるので，伝えたいことと語順がピッタリ合っています。

　情報の重要度の違いによって語順が変わる他の例をみてみましょう。

(7)　a. I met a woman who was from New York yesterday.
　　b. I met a woman yesterday who was from New York.

「私はニューヨークからきた女性に会いました。それは昨日のことでした」ということを伝えたいときには (7a) が選ばれます。(7a) での重要度が高い情報は yesterday です。(7a) では yesterday が情報の重要度が最も高い文末にあるので，伝えたいことと語順がピッタリ合っています。

　一方で「私は昨日ある女性に会いました。その女性はニューヨークからきました」ということを伝えたいときには (7b) が選ばれます。(7b) で最も伝えたい情報は who was from New York です。(7b) では who was from New York が情報の重要度が最も高い文末にきているので，こちらも伝えたいことと語順がピッタリ合っています。

　情報の重要度の違いによって語順が変わる例はほかにもあります。

(8)　a. John bought a painting that he liked for his mother.
　　　b. John bought for his mother a painting that he liked.

「ジョンは自分の好きな絵を母のために買いました」ということを伝えたいときには（8a）が選ばれます。（8a）での重要度が高い情報は for his mother です。（8a）ではその for his mother が情報の重要度が最も高い文末にきているので，伝えたいことと語順がピッタリ合っています。

　次に，「ジョンは母のためにあるものを買いました。それは彼が好きな絵でした」ということを伝えたいときには（11b）が選ばれます。（8b）で最も伝えたい情報は a painting that he liked です。（8b）ではその a painting that he liked が情報の重要度が最も高い文末にきているので，伝えたいことと語順がピッタリ合っています。

　最後に次の文をみてみましょう。

(9) A book appeared which was written by Hatakeyama.

（9）での重要度が高い情報は「（ある本が）現れたこと」ではなく「（その本が）ハタケヤマによって書かれたこと」です。（9）では which was written by Hatakeyama が情報の重要度が最も高い文末にきているので，伝えたいことと語順がピッタリ合っています。

　以上みてきたように，同じ単語を使った文であっても語順によって伝わる意味が変わります。そのときに，情報の重要度に関する規則が大いに役に立つのです。

4.8 視点の規則

次の文は不自然といわれましたがなぜなのでしょうか？
#John's wife was hit by him.

　ある状況について，それを誰の視点からみるかによって，その状況の描写の仕方が変わります。たとえば「ジョンがメアリーを批判した」という状況は，英語では（1）と（2）のどちらでもいえます。

(1)　John criticized Mary.
(2)　Mary was criticized by John.

John が主語である（1）の文では《John の視点》に立って状況が描写されているのに対して，Mary が主語である（2）の文では《Mary の視点》に立って状況が描写されています。一般的に，主語のほうが，主語以外のものより視点に立ちやすいといえます。このことを「視点の傾向①」として以下に挙げます。

　視点の傾向①：主語のほうが主語以外のものより視点に立ちやすい。《主語＞主語以外》

なお，上記の「＞」は，たとえば「A＞B」において「Aのほうが，Bより視点に立ちやすい」という関係を表しています。（1）は John が主語で，Mary が目的語（＝主語以外）なので John ＞ Mary のように表すことができ，一方（2）は Mary が主語で，John が主語以外なので Mary ＞ John のように表すことができます。
　では，次の各例はジョンとメアリーのどちらの視点に立っているのでしょうか？

(3)　　When John criticized Mary, he was slapped by her on the face.

(4)　　#When Mary was criticized by John, he was slapped by her on the face.

　(3) と (4) はどちらも「ジョンがメアリーを批判したとき，ジョンはメアリーに顔をビンタされた」という状況を表していて，後半の部分は全く同じです。

　まず，(3) ですが，前半の副詞節の中では John が主語でMary が主語以外です。視点の傾向①より，John ＞ Mary となります。さらに，主節においても John（＝ he）が主語で Mary（＝her）が主語以外なので，副詞節と同じく John ＞ Mary となります。したがって，(3) は副詞節・主節ともに一貫してジョンの視点に立って状況が述べられているということがわかります。

　次に，(4) ですが，前半の副詞節の中で Mary が主語で Johnは主語以外です。視点の傾向①より，Mary ＞ John となります。主節は (3) と同じく John ＞ Mary です。したがって，(4) は副詞節が Mary ＞ John，主節が John ＞ Mary となり，視点が一貫していません。このように１つの文で視点が一貫していない場合，その文は不自然になります。実は，視点には次のような原則があるのです。

　　視点の原則：単一の文において視点は一貫していなければならない。

　(4) はこの視点の原則をやぶっているので，不自然になっているのです。一方，(3) は視点の原則を守っているので，自然になっています。

　では，今度は「夫ジョンが妻メアリーを殴った」という事件の描写について考えてみましょう。この事件は，(5) のようにいうことも (6) のようにいうこともできます。

(5) John hit Mary. （John ＞ Mary）

(6) Mary was hit by John. （Mary ＞ John）

（5）は John が主語で Mary が主語以外なので，視点の傾向①より John ＞ Mary となります。一方，（6）は Mary が主語で John が主語以外なので，視点の傾向①より Mary ＞ John となります。

次は妻 Mary を wife と言い替えた表現をしてみます。（5）は Mary を his wife と言い替えても自然な文になります（＝（7））。

(7) John hit his wife.

（7）は John が主語で his wife（＝ Mary）が主語以外になっています。視点の傾向①より John ＞ Mary となります。ここで，Mary を示す his wife という表現に着目してみましょう。his wife は，his（＝ John）の側からみた his wife（＝ Mary）を表しています。つまり，his wife は Mary よりも John に視点をおいた表現（John ＞ Mary）と考えられます。このように his wife が his の視点に立ちやすいという傾向は，一般的な傾向です。この傾向を「視点の傾向②」として挙げておきます。

視点の傾向②：X' Y（John's wife）において，X（John）のほうが X' Y（John's wife）より視点に立ちやすい《X（John）＞ X' Y（John's wife）》。

（7）は，John が主語で his wife（＝ Mary）が主語以外なので，視点の傾向①より John ＞ Mary が成り立ち，同時に，his wife では視点の傾向②より John ＞ Mary が成り立ちます。どちらも John ＞ Mary と視点が一貫しているので，視点の原則を守っています。したがって，（7）は自然な文ということになります。

一方，（6）は Mary を John's wife と言い替えると不自然な文に

なってしまいます（＝ (8)）。

(8) #John's wife was hit by him.

(7) が自然な文なのに対して，(8) が不自然な文なのはなぜで
しょうか？

(8) ですが，John's wife（＝ Mary）が主語で him（＝ John）
が主語以外になっています。視点の傾向①より Mary ＞ John と
なります。(7) と同様に Mary を示す John's wife という表現に
着目してみましょう。こちらは視点の傾向②より John ＞ Mary
となります。文全体でみると，Mary ＞ John ＞ Mary となり視
点が一貫していません。(8) は視点の原則を守っていないので不
自然になります。

次の (9) の文は，(7) の文と同様にジョンがメアリーを殴っ
たことを表していますが，不自然な文です。

(9) #Mary's husband hit his wife.（cf. (7)）

(9) において，Mary's husband（＝ John）は主語で，一方 his
wife（＝ Mary）は主語以外です。視点の傾向①より，主語の
John のほうが主語以外の Mary より視点に立ちやすいことにな
ります（John ＞ Mary）。また，主語の Mary's husband ですが，
視点の傾向②より Mary ＞ John となります。さらに，目的語の
his wife（＝ John's wife）ですが，視点の傾向②より John ＞
Mary となります。文全体でみると，Mary ＞ John ＞ Mary とな
り視点が一貫していません。(9) は視点の原則を守っていないの
で不自然になります。

最後に事件の主体が入れ替わった次の例をみてみましょう。

(10) I hit John.
(11) #John was hit by me.

(10) と (11) はどちらも「私がジョンを殴った」ことを表して

います。しかし，（10）のような表現は自然なのに対して，（11）のような表現は不自然です。これはなぜでしょうか？ここで重要となるのが，以下に示した「視点の傾向③」です。

　視点の傾向③：話し手は常に自分の視点をとらなければならない《話し手＞話し手以外》。

視点の傾向③は，「話し手が話し手以外の人の視点をとることができないこと」を表しています。こちらを考慮に入れながら，（10）と（11）を詳しくみていきましょう。

　まず，（10）では I が話し手を表し，一方 John は話し手以外の人を表しています。視点の傾向③より，I ＞ John が成り立ちます。また，（10）では I が主語で John が主語以外になっています。視点の傾向①より I ＞ John となります。どちらも I ＞ John ですので視点の原則（＝（6））を守っています。したがって，（10）は自然な文ということになります。

　つぎに（11）ですが，me（＝ I）が話し手を表すのに対し，John は話し手以外の人を表しています。視点の傾向③より，I ＞ John が成り立ちます。また，（11）では John が主語で me（＝ I）が主語以外になっています。よって，視点の傾向①より John ＞ I となります。文全体でみると I ＞ John ＞ I となり視点が一貫していません。（11）は視点の原則を守っていないので不自然になります。

　これまでみてきたように，視点を決定する要因は複数あります。しかし，一番重要なことは視点が全体を通して一貫しているかどうかです。私たちは視点という「心の目」を通して日々ものごとをみているのです。

4.9 情報のなわ張り理論の規則

> 次の英文「あの女性，あなたのお母さんだよ」って何かヘン
> じゃありませんか？　That lady is your mother.

　AさんとBさんは以前からの知り合いです。ある日Aさんと
Bさんがスーパーの中で立ち話をしていました。しばらくすると
Bさんのお母さんと思われる女性が店内に入ってきました。Bさ
んはそのことに気がつかなかったようなので，そこでAさんは
BさんへBさんへ冒頭の英文のように言いました。

　Aさんの発言に対して，Bさんは少し違和感を覚えましたが，
何が不自然なのかがBさんにはわかりませんでした。Aさんの
発言の不自然さ，みなさんにはわかりますか？

　冒頭の英文のように文法的にはまったく問題がない英文であっ
ても，実際の会話で用いると奇妙になってしまうことがよくあり
ます。確かに上のような状況でAさんが冒頭のようにいうと不
自然に感じられます。しかし，そのようにいえないのだとしたら，
Aさんは他に何といえばよかったのでしょうか。自然な言い方と
しては，たとえば次のような例があります。

(1)　I think that lady is your mother.
　　　（あの女性，あなたのお母さんだと思うけど）

　(1) が自然な言い方なのはどうしてでしょうか。その理由には
《情報のなわ張り》という理論が関わっています。では，《情報
のなわ張り》とはいったい何なのでしょうか。まずは《情報のな
わ張り》について簡単に説明していきましょう。

　《情報のなわ張り》の「情報」とは，話し手や聞き手がもつ情
報のことを指します。ある情報が話し手に深く関わっている場合，
その情報は話し手のなわ張りの内側にあると考えます。一方，あ

る情報が話し手と深く関わっていない場合，その情報は話し手の
なわ張りの外側にあると考えます。同じことは聞き手についても
いえます。

《情報のなわ張り》は英文の形と深い関りがあります。ある情
報が，話し手（または聞き手）のなわ張りの内側にあるか外側に
あるかによって，自然な英文の形が異なってくるのです。英語に
は《情報のなわ張り》に関して以下のような規則があります。

　**情報のなわ張り理論の規則①：ある情報が話し手のなわ張りの
　外側にある場合には，直接的な表現（＝直接形）ではなく，間
　接的な表現（＝間接形）を使わなければならない。**

この規則を知っていると，なぜ冒頭の英文が不自然で，（1）が自
然であるのかがわかります。まず，上の状況を思い出してくださ
い。「Bさんのお母さん」はBさんにとって関りが深いと考えら
れますが，Aさんにとっては関りがあまり深くないと考えられま
す。このことから「Bさんのお母さん」という情報はAさんの
なわ張りの外側にあるということになります。話し手であるA
さんが，話し手のなわ張りの外側にある「Bさんのお母さん」に
ついての情報を聞き手に伝える場合には，情報のなわ張り理論の
規則にあるように間接形を使わなければいけません。ところが，
Aさんは冒頭のような，事実を伝えているだけの直接形を使って
いたので不自然になってしまったのです。ではAさんが（1）の
ような表現を使った場合はどうでしょうか。（1）のI think には
直接的な表現を避ける働きがあります。このことから（1）のよ
うな表現は間接形と考えられます。Aさんが冒頭の英文の代わり
に（1）のような間接形を使っていたなら，情報のなわ張り理論
の規則①に違反せず自然な表現になっていたということになりま
す。このように会話では，文法的に正しい表現かどうかとはべつ
に，《情報のなわ張り》にも気をつけて発言していかなければな

らないことがあるのです。

　他の例をみてみましょう。ある日Aさんとびさんがスーパーの中で立ち話をしていました。しばらくするとAさんのお母さんが店内に入ってきました。Aさんは自分の母親だと確信した上でBさんに次のようにいいました。

　(2)　That lady is my mother.（あの女性は私の母です）

Aさんが（2）のようにいうのは自然なことです。Aさんにとって「Aさんのお母さん」という情報は，なわ張りの内側にある情報です。このように話し手のなわ張りの内側にある情報を発言するときには直接形を使うと自然になります。試しに間接形を使ってみるとどうなるでしょうか。

　(3)　[#]I think that lady is my mother.
　　　（あの女性，私の母だと思うけど）

このように間接形を使うと不自然な発言になってしまいます。

　では，（3）はなぜ不自然になってしまうのでしょうか。実は《情報のなわ張り》には次のような規則もあり，（3）はその規則に違反してしまっているからです。

　情報のなわ張り理論の規則②：ある情報が話し手のなわ張りの内側にある場合には直接形を使わなければならない。

Aさんにとって「Aさんの母親」はなわ張りの内側にある情報ですから，情報のなわ張り理論の規則②に従えば，（2）のような直接形を使わなければならず，間接形を使った（3）は不自然になります。

　情報のなわ張り理論の規則①と情報のなわ張り理論の規則②をきちんと理解していれば，状況に応じた自然な発言ができるようになります。以下の例文（4）と（5）ではbがいずれも不自然な発言になりますが，その理由がわかりますか。

(4)　a. I hear your son is a medical student at Harvard.

　　　　（お宅の息子さんはハーバードの医学部に行っているようですね）

　　b. #Your son is a medical student at Harvard.

　　　　（お宅の息子さんはハーバードの医学部に行っています）

(5)　a. Isn't your mother from California?

　　　　（あなたのお母さんはカリフォルニアのご出身でしょ）

　　b. #Your mother is from California.

　　　　（あなたのお母さんはカリフォルニアのご出身です）

　では，それぞれ不自然となる理由を示します。まず，(4) の「聞き手の息子が通っている学校の情報」は，聞き手には関りが深いものの，話し手には関りが深くないと考えられます。つまり，その情報は話し手のなわ張りの外側にあるということになります。したがって，情報のなわ張り理論の規則①から，(4a) のように間接形を使った表現は自然ですが，(4b) のように直接形を使った表現は不自然になります。同様にして，(5) の「聞き手の母親の出身地の情報」は，聞き手には関りが深いものの，話し手には関りが深くないと考えられます。このため，(4) とは逆にその情報は話し手のなわ張りの外側にあるということになります。よって，情報のなわ張り理論の規則①から，(5a) のように間接形を使った表現は自然ですが，(5b) のように直接形を使った表現は不自然です。このように (4) と (5) は「なわ張りの外側＝間接形」がふさわしい状況になります。

　次に，(6) と (7) をみてみましょう。こちらもいずれも b が不自然な発言になります。

(6)　a. My mother's name is Susan.

　　　　（私の母親の名前はスーザンです）

　　b. #My mother's name seems Susan.

　　　　（#私の母親の名前はスーザンらしいです）

(7)　a. I feel lonely. （私は寂しい）
　　　b.\#I think I feel lonely. （\#私は寂しいようだ）

　(6) において，「話し手の母親の名前」は，話し手には関りが深いので，話し手のなわ張りの内側にあるということになります。よって，情報のなわ張り理論の規則②から，(6a) のように直接形を使った表現は自然ですが，(6b) のように間接形を使った表現は不自然になります。同様にして，(7) における「話し手の心理状態の情報」も話し手のなわ張りの内側にあるということになります。よって，(7a) のように直接形を使った表現は自然ですが，(7b) のように間接形を使った表現は不自然になります。

　最後に，(8) をみてみましょう。

(8)　a. Winter in Quebec is hard. （ケベックの冬は厳しい）
　　　b. I hear winter in Quebec is hard.
　　　（ケベックの冬は厳しいらしい）

　(8) において，話し手がケベックに住んでいてケベックの冬の寒さをよく知っている場合には，「ケベックの冬の寒さの情報」は話し手にとって関りが深いので，話し手のなわ張りの内側にあるということになります。よって，情報のなわ張り理論の規則②から，(8a) のように直接形を使った表現は自然になります。一方，もし話し手がケベックについてよく知らない場合，「ケベックの冬の寒さの情報」は話し手のなわ張りの外側にある情報ということになります。よって，情報のなわ張り理論の規則①から，(8b) のように間接形を使った表現が自然になります。つまり，(8a) と (8b) は「ケベックの冬の寒さの情報」が話し手のなわ張りの内側にあるか外側にあるかによって，どちらも自然な表現になることがわかります。(8) は話し手の状況次第で情報がなわ張りの内側にあるか外側にあるかどうか決まり，直接形か間接形かはそれ次第というケースになります。

あとがき

　日本人は，英語を学ぶ際，日本語を積極的に活用すべきだ。今の時代にこんなことを主張すると「袋叩き」にあうかもしれない。四面楚歌になるかもしれない。それでもあえて何度でもいいたい。「英語の勉強には日本語が不可欠だ」と。

　現在多くの学校では，英語教師は英語を使って英語を教える。学生には英語を英語のまま理解させようとする。大変申し訳ないが，こんなことでは英語は身につかない。もっと正確にいえば，英語の本質はけっして身につかない。身につくとすればそれは上辺だけの，ないしは見せかけのエイゴであろう。

　では，どのような勉強法がよいのか。それは，一言でいえば《訓読》である。そう，それは太古の昔から私たちの先輩が行ってきた漢文訓読の《訓読》である。先輩方は古代中国語をそれこそ「舐めるようにして」読んだ。上から下に読み，場合によっては下から上に返って日本語として読んだ。さらに，必要な助詞や助動詞を補いながら，何度も何度も日本語に訳して読んだ。「泥んこ」になりながら，苦しみながら全力で読んでいったのだ。そうやってようやく中国語の文が理解できた。つまり，中国語から日本語へ，そして日本語から中国語へという《言語間の往復》によって中国語を正しく理解することができたのである。

　英文を本気で理解したいのなら訓読しかない。なりふり構わず，泥だらけになりながら，英文を訓読していくことだけである。すなわち，《英文訓読》の訓練が必要不可欠であるということだ。英語から日本語へ，そして日本語から英語へという《言語間の往復》によって，私たちの英語の理解は深まっていくのである。

　日本語から英語へそして英語から日本語へという《言語間の往復》をすれば，すなわち英語を訓読し日本語に訳す過程の中で，

学生は必ずさまざまな問題にぶつかりそこで非常に重要な本質的な疑問をもつ。その疑問を1つ1つ解決していくことがしっかりとした英語習得につながっていく。現場の英語教師は学生からの疑問に対して適切かつわかりやすい説明をすることが最重要のミッションとなる。当然のことながら英語教師もまた日本語文法に精通していなければならない。そうでなければ学生の質問に適切に答えられるはずがないからである。では学生からの英文法の疑問に対して日本語文法の知識を使いながら適切かつわかりやすく説明するにはどのようにしたらよいのか。そのヒントが本書には散りばめられている。英語の教師にはぜひ本書を熟読され説明の仕方，とくにわかりやすい説明の仕方を習得していただきたい。

「英語はどうして日本語とは違うのか」この疑問が英語を学ぶ際の大きな起爆剤となる。英語を日本語とくらべ，そして日本語を英語とくらべていってほしい。たくさんの疑問をもち，そしてそれらを1つ1つ解決していって欲しい。そうすることによってはじめて，真の英語の理解に一歩ずつ踏み込んでいくことができる。これを続けていくと，英語や日本語を含めた人間の言語がいかに巧妙にできているか，いかにエレガントな体系をもっているのかが自ずとわかってくる。そうやって，英語を，日本語を，そして人間の言語を大好きになっていただきたい。学問に王道などありはしない。ましてや語学の学習に王道などありえない。読者の皆さんには，「泥んこ」になりながら英語と日本語の間を行ったり来たりしていただきたい。真の英語力は泥だらけの手の中にそっと包まれているのだから。

畠山雄二・本田謙介・田中江扶

参考文献

第1章　文の規則にまつわる疑問

安藤貞雄（2002）『英語史入門：現代英文法のルーツを探る』開拓社.

伊藤太吾（2003）「ラテン語所有動詞の末裔」『月刊言語』32（11）：78-85. 大修館書店.

宇賀治正明（2000）『英語史』開拓社.

小野隆啓（2015）『英語の素朴な疑問から本質へ：文法を作る文法』開拓社.

小野茂・中尾俊夫（1980）『英語史Ⅰ』大修館書店.

加藤泰彦・吉村あき子・今仁生美（編）（2010）『否定と言語理論』開拓社.

角田太作（1991）『世界の言語と日本語』くろしお出版.

寺澤芳雄（編）（1999）『英語語源辞典』（縮刷版）研究社.

中尾俊夫（1972）『英語史Ⅱ』大修館書店.

中尾俊夫・児馬修（編）（1990）『歴史的にさぐる現代の英文法』大修館書店.

中尾俊夫・寺島廸子（1988）『図説英語史入門』大修館書店.

成田圭市（2007）「古英語における語順管見：その文法的示差性をめぐって」『新潟大学英文学会誌』30：77-90. 新潟大学英文学会.

長谷川欣佑・河西良治・梶田幸栄・長谷川宏・今西典子（2000）『文（Ⅰ）』研究社.

畠山雄二・本田謙介・田中江扶（2011）「there 構文の複文分析：時制の解釈と主語の解釈の相関性」『英語教育』60（2）：70-72. 大修館書店.

畠山雄二・本田謙介・田中江扶（2015）『日英比較構文研究』開拓社.

畠山雄二・本田謙介・田中江扶（2018）「使役を表す「受動文」」『言語研究』154：193-204.

畠山雄二・本田謙介・田中江扶（2021）「日本語の様態副詞と結果述語の統語論」『言語研究』160：263-272.

堀田隆一（2016）「はじめての英語史：英語の「なぜ?」に答える」

研究社.

吉田光演・保阪靖人・岡本順治・野村泰幸・小川暁夫 (2001)『現代ドイツ言語学入門：生成・認知・類型のアプローチから』大修館書店.

鷲尾龍一 (1996)「もつ・ある・なる：助動詞の体系と非対格性」『月刊言語』32 (11)：69-75. 大修館書店.

鷲尾龍一・三原健一 (1997)『ヴォイスとアスペクト』研究社.

Fries, Charles C. (1940) On the Development of the Structural Use of Word-Order in Modern English. *Language*. 16: 199-208.

Jaeggli, Osvaldo and Kenneth J. Safir (eds.) (1989) *The Null Subject Parameter*, Kluwer Academic Publishers.

Jespersen, Otto (1917) *Negation in English and Other Languages*, København, A. F. Høst.

Haegeman, Liliane and Jacqueline Guéron (1999) *English Grammar: A Generative Perspective*, Blackwell Publishing.

Hall, J.R. Clark (1960) *A Concise Anglo-Saxon Dictionary*, University of Toronto Press.

Vikner, Sten (1995) *Verb Movement and Expletive Subjects in the Germanic Languages*, Oxford University Press.

第2章　意味の規則にまつわる疑問

池上嘉彦 (1995)『＜英文法＞を考える』筑摩書房.

伊藤笏康 (2014)『逆転の英文法 ネイティブの発想を解きあかす』NHK 出版.

江川泰一郎 (1991)『英文法解説』金子書房.

大西泰斗・マクベイ，ポール (1995)『ネイティブスピーカーの英文法』研究社.

影山太郎 (1996)『動詞意味論』くろしお出版.

影山太郎 (編) (2009)『日英対照 形容詞・副詞の意味と構文』大修館書店.

勝俣銓吉郎 (編) (1939)『新英和活用大辞典』研究社.

神崎高明 (1994)『日英語代名詞の研究』研究社.

岸本秀樹・菊地朗 (2008)『叙述と修飾 (英語モノグラフシリーズ 5)』

研究社.

セイン，デイビッド（2014）『もしもネイティブが中学英語を教えたら』アスコム.

セイン，デイビッド・古正佳緒里（2014）『ネイティブが教えるほんとうの前置詞の使い方』研究社.

関正生（2018）『世界一わかりやすい英文法の授業』KADOKAWA.

田中江扶・中島基樹・川﨑修一・飯沼好永（2017）『形容詞と副詞（英文法大事典シリーズ 第 4 巻）』開拓社.

田中江扶・本田謙介・畠山雄二（2018）『時制と相（ネイティブ英文法 1）』朝倉書店.

時吉秀弥（2019）『英文法の鬼 100 則』明日香出版社.

トムソン，A. J.・マーティネット，A. V.（1988）『実例英文法＜第 4 版＞』オックスフォード大学出版局.

縄田裕幸・久米祐介・松元洋介・山村崇斗（2018）『前置詞と前置詞句，そして否定（英文法大事典シリーズ 第 5 巻）』開拓社.

畠山雄二（編）（2011）『大学で教える英文法』くろしお出版.

畠山雄二（編）（2012）『くらべてわかる英文法』くろしお出版.

畠山雄二（編）（2016）『徹底比較 日本語文法と英文法』くろしお出版.

畠山雄二（編）（2019）『正しく書いて読むための英文法用語事典』朝倉書店.

バーナード，クリストファ（2013）『句動詞の底力 − 「空間発想」でわかる広がる英語の世界』プレイス.

ファイン，ゲーリー・スコット（2019）『ついつい出ちゃう！日本人のかんちがい英語』高橋書店.

本田謙介・田中江扶・畠山雄二（2020）『英文の基本構造（ネイティブ英文法 4）』朝倉書店.

巻下吉夫・瀬戸賢一（1997）『文化と発想とレトリック』研究社.

吉川洋・友繁義典（2008）『入門講座 英語の意味とニュアンス』大修館書店.

綿貫陽・宮川幸久・須貝猛敏・高松尚弘・ピーターセン，マーク（2000）『徹底例解ロイヤル英文法』旺文社.

綿貫陽・ピーターセン，マーク（2011）『表現のための実践ロイヤル英文法』旺文社.

第3章　語の規則にまつわる疑問

赤須薫（2018）『コンパスローズ英和辞典』研究社.

安藤貞雄（1983）『英語教師の文法研究』大修館書店.

庵功雄・松岡弘・中西久実子・山田敏弘・高梨信乃（2000）『初級を教える人のための日本語文法ハンドブック』スリーエーネットワーク.

池上嘉彦（1995）『＜英文法＞を考える』筑摩書房.

今井むつみ（2020）『英語独習法』岩波書店.

大槻美智子（2017）「類義語－その意義構造と指導上の留意点－」『大谷教育福祉研究』43：33-45.

影山太郎（1996）『動詞意味論』くろしお出版.

影山太郎（編）（2001）『日英対照 動詞の意味と構文』大修館書店.

影山太郎（編）（2011）『日英対照 名詞の意味と構文』大修館書店.

岸本秀樹・岡田禎之（2020）『構文間の交替現象（ネイティブ英文法 5)』朝倉書店.

小島義郎・岸暁・増田秀夫・高野嘉明（編）（2013）『英語語義語源辞典』三省堂.

佐久間治（2001）『英語の語源のはなし』研究社.

佐藤康（2005）『フランス語のしくみ』白水社.

清水建二・William Currie（監修）（2001）『似ている英単語使い分けBOOK』ベレ出版.

白井恭弘（2012）『英語教師のための第二言語習得論入門』大修館書店.

鈴木孝夫（1973）『ことばと文化』岩波書店.

鈴木孝夫（1990）『日本語と外国語』岩波書店.

鈴木良次（編）（2006）『言語科学の百科事典』丸善.

セイン, デイビッド（2012）『ネイティブにちゃんと伝わる英単語帳』アスコム.

瀬戸賢一（2001）『日本語感覚で話す英会話－日本語と英語の同じ使い方 80』ノヴァ.

瀬戸賢一（2017）『よくわかるメタファー』筑摩書房.

高橋英光（2020）『英語史を学び 英語を学ぶ－英語の現在と過去の対話－』開拓社.

チャントレル，グリニス（編）（2015）『オックスフォード 英単語由来大辞典（The Oxford Dictionary of Word Histories）』柊風舎.

寺澤盾（2016）『英単語の世界』中央公論新社.

中野弘三（編）（2017）『語はなぜ多義になるのか−コンテキストの作用を考える−』朝倉書店.

中邑光男（2019）『アクシスジーニアス英和辞典』大修館書店.

並木崇康（1985）『語形成（新英文法選書2)』大修館書店.

並木崇康（1994）「〈語〉の階層性」『月刊言語』23:3, 44-51.

並木崇康（2009）『単語の構造の秘密−日英語の造語法を探る−』開拓社.

西川盛雄（2013）『英語接辞の魅力−語彙力を高める単語のメカニズム−』開拓社.

野里紳一郎（2005）『イタリア語のしくみ』白水社.

畠山雄二（2003）『ことばを科学する−理論言語学の基礎講義』鳳書房.

畠山雄二（編）（2011）『大学で教える英文法』くろしお出版.

畠山雄二（編）（2013）『数理言語学事典』産業図書.

畠山雄二（編）（2014）『ことばの仕組みから学ぶ 和文英訳のコツ』開拓社.

畠山雄二（編）（2022）『英文法が身につく教養としての英語ことわざ100選』明日香出版社.

畠山雄二・本田謙介・田中江扶（2015）『日英比較構文研究』開拓社.

ピンカー，スティーブン（1994）『言語を生みだす本能（下）（The Language Instinct）』日本放送出版協会.

都田青子・平田一郎（2020）『音と形態（ネイティブ英文法3)』朝倉書店.

レイコフ，ジョージ・ジョンソン，マーク（1986）『レトリックと人生（Metaphors We Live By)』大修館書店.

山田進（2017）『意味の探求』くろしお出版.

第4章　会話の規則にまつわる疑問

有光奈美（2010）「グライスの格率への違反と笑い」『人間科学総合研究所紀要』12（東洋大学）61-75.

今井邦彦（2001）『語用論への招待』大修館書店.

今井邦彦（編）（2009）『言語学の領域（II）』朝倉書店.

神尾昭雄（1990）『情報のなわ張り理論：言語の機能的分析』大修館書店.

神尾昭雄・高見健一（1998）『談話と情報構造』研究社出版.

川越いつえ（2007）『英語の音声を科学する』大修館書店.

金水敏・今仁生美（2000）『意味と文脈』岩波書店.

久野暲（1973）『日本文法研究』大修館書店.

久野暲（1978）『談話の文法』大修館書店.

窪薗晴夫（1998）『音声学・音韻論』くろしお出版.

窪薗晴夫・溝越彰（1991）『英語の発音と英詩の韻律』英潮社.

郡司利男（1982）『英語ユーモア講座』創元社.

田窪行則ほか（1999）『談話と文脈』岩波書店.

千葉修司（2013）『英語の仮定法：仮定法現在を中心に』開拓社.

畠山雄二（編）（2016）『徹底比較 日本語文法と英文法』くろしお出版.

畠山雄二・本田謙介・田中江扶（2015）『日英比較構文研究』開拓社.

原口庄輔（1994）『音韻論』開拓社.

丸山孝男（2002）『英語ジョークの教科書』大修館書店.

丸山孝男（2007）『英語ジョーク見本帖』大修館書店.

Grice, Paul（1989）*Studies in the Way of Words*, Harvard University Press.（清塚邦彦（訳）（1998）『論理と会話』勁草書房）

Kuno, Susumu and Etsuko Kaburaki（1977）"Empathy and Syntax," *Linguistic Inquiry* 8: 627–672

Levinson, Stephen C.（1983）*Pragmatics*, Cambridge University Press.（安井稔・奥田夏子（訳）（1990）『英語語用論』研究社出版）

Radford, Andrew（1988）*Transformational Grammar: A First Course*, Cambridge University Press.

Radford, Andrew（2016）*Analysing English Sentences*, Cambridge University Press.

Sperber, Dan and Deirdre Wilson（1995）*Relevance : Communication and Cognition*, Blackwell.（内田聖二ほか（訳）（1999）『関連性理論：伝達と認知』研究社出版）

索引

著者紹介

畠山　雄二（はたけやま　ゆうじ）
1966 年静岡県生まれ。東北大学大学院情報科学研究科博士課程修了。博士（情報科学）。現在，東京農工大学准教授。著書（単著）に『大人のためのビジネス英文法』（くろしお出版），『英文徹底解読 スティーブ・ジョブズのスタンフォード大学卒業式講演』（ベレ出版），『英語で学ぶ近現代史 外国人は歴代総理の談話をどう読んだのか』（開拓社），『英文徹底解読 ボブ・ディランのノーベル文学賞受賞スピーチ』（ベレ出版），『エマ・ワトソンの国連スピーチを英語で読む』（開拓社）など他多数。

本田　謙介（ほんだ　けんすけ）
1969 年埼玉県生まれ。獨協大学大学院外国語学研究科博士後期課程満期退学。博士（英語学）。現在，茨城工業高等専門学校教授。著書（共著）に『くらべてわかる英文法』（くろしお出版），『徹底比較 日本語文法と英文法』（くろしお出版），『理論言語学史』（開拓社），『英文法大事典 第 0 巻 英文法と統語論の概観』（開拓社）など他多数。

田中　江扶（たなか　こうすけ）
1971 年愛媛県生まれ。東京都立大学大学院人文科学研究科博士課程満期退学。修士（英語学）。現在，信州大学准教授。著書（共著）に『英文法が身につく教養としての英語ことわざ 100 選』（明日香出版社），『正しく書いて読むための英語前置詞事典』（朝倉書店），『ネイティブ英文法 第 4 巻 英文の基本構造』（朝倉書店）など他多数。

言語学で解明する　英語の疑問
© Yuji Hatakeyama, Kensuke Honda, Kosuke Tanaka, 2023
NDC830／viii, 198p／19cm

初版第1刷──────2023年10月20日

著　者────── 畠山雄二・本田謙介・田中江扶
発行者────── 鈴木一行
発行所────── 株式会社　大修館書店
　　　　　　　〒113-8541 東京都文京区湯島 2-1-1
　　　　　　　電話 03-3868-2651(販売部) / 03-3868-2293(編集部)
　　　　　　　振替 00190-7-40504
　　　　　　　[出版情報] https://www.taishukan.co.jp

装丁者────── CCK
印刷所────── 広研印刷
製本所────── 牧製本

ISBN978-4-469-24670-4　　　　　　　　　Printed in Japan